PENDULE & INTUITION

Titre original : *Pendulums & Intuition. Practical Advice for Trusting Your Inner Wisdom*

Publié pour la première fois en anglais par Llewellyn Worldwide Ltd.
www.llewellyn.com

2143 Wooddale Drive
Woodbury, MN 55125-2989

19, rue Saint-Séverin, 75005 Paris.

Traduit de l'anglais américain par Laurence Le Charpentier.

ISBN : 978-2-38500-029-5

Note de l'éditeur : les auteures et l'éditeur déclinent toute responsabilité provenant directement ou indirectement de l'utilisation de ce livre. Les déclarations faites par les auteures concernant les produits, les processus, méthodes de traitements ne sauraient se soustraire à un avis médical.

www.editions-tredaniel.com
info@guytredaniel.fr
www.facebook.com/tredanieleso
@tredaniel_eso

KARINA MULLER ET **LANA GENDLIN**

PENDULE & INTUITION

Exercices et outils pour révéler votre sagesse intérieure

Éditions **Médicis**

CLAUSE DE NON-RESPONSABILITÉ

Ce livre n'est pas censé donner des conseils médicaux, ni remplacer les recommandations ou les traitements dispensés par un médecin traitant, que les lecteurs sont invités à consulter, ou d'autres professionnels de santé qualifiés, en cas de troubles de santé physique ou mentale. L'éditeur et les auteures n'assumeront aucune responsabilité pour les conséquences éventuelles de tout traitement adopté par toute personne ayant pris connaissance des informations contenues dans ce livre ou les suivant.

De même, les informations fournies ne doivent pas être utilisées pour diagnostiquer ou traiter un problème de santé ou une maladie affectant les animaux de compagnie. Sollicitez toujours l'avis d'un vétérinaire agréé concernant leur état de santé. N'appliquez pas sur eux d'huiles essentielles, pas plus que sur les objets qui leur appartiennent, car leur ingestion peut leur être nocive.

SOMMAIRE

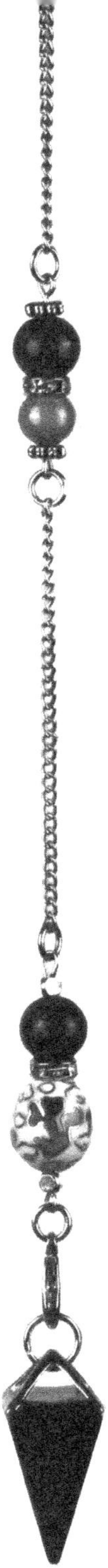

PRÉFACE

J'adore les pendules. J'ai découvert cet instrument étonnant dans des scènes de films des années 1940 et 1950 où on voyait un personnage mettre quelqu'un en état de transe en lui disant « Vous commencez à avoir un sommeil lourd, très lourd… » tout en balançant devant ses yeux une montre à gousset suspendue à une chaîne. Ce thème récurrent de l'hypnose a vraiment fait l'objet d'exagérations, l'une des raisons pour lesquelles, aujourd'hui encore, l'hypnothérapie est malheureusement considérée avec méfiance, notamment basée sur la croyance que des hypnotiseurs sans scrupule envoûtent les gens à leur insu. En réalité, l'état hypnotique vous permet d'entrer plus profondément en relation avec votre être intérieur. Cela produit un ralentissement des ondes cérébrales, ce qui favorise la guérison. En fait, dans ces moments sous hypnose, vous contrôlez mieux la situation qu'en étant pleinement conscient à l'état de veille. Cette image magique est restée gravée dans mon esprit, jusqu'à ce que je décide de faire carrière dans l'hypnothérapie.

Lors de ma formation à cette pratique, j'ai appris à travailler avec le pendule parce que cela permet d'interagir avec l'inconscient ou le subconscient, et à mieux aligner ces compréhensions intérieures sur les actions conscientes à l'état de veille. C'est une excellente idée de se former de cette manière, que ce soit en vue d'utiliser professionnellement le pendule ou non. Chacun d'entre nous, moi y compris, peut toujours bénéficier d'une connaissance de soi plus approfondie – la quête de toute une vie –, et le pendule peut se révéler être un merveilleux partenaire afin de découvrir les facettes les plus profondes de votre personnalité. C'est l'une des nombreuses raisons pour lesquelles j'aime ce livre que vous tenez entre les mains. Lana Gendlin et Karina Muller proposent au fil des pages une multitude d'informations, de conseils avisés et d'exercices qui vous permettront de tirer le meilleur parti de cet instrument ancestral.

En travaillant avec les pendules, j'ai senti que j'avais le don de m'en servir. Il m'a été facile de faire osciller « la pierre au bout d'une ficelle » en fonction des réponses « oui » ou « non ». Il est probable que vous disposiez également de certains outils ou ressources que vous trouvez simples d'utilisation. Il va sans dire que nous avons tous nos propres dons et talents, ce que j'ai également apprécié dans ce livre. Lana et Karina montrent qu'avec de la pratique et en effectuant divers exercices et expériences pour découvrir ce qui vous inspire le plus, tout le monde peut apprendre à se servir d'un pendule.

Après avoir répondu par « oui » ou « non » à des questions binaires grâce à mon pendule, j'ai découvert ultérieurement qu'il avait bien d'autres applications lorsque j'ai commencé à y recourir dans la guérison énergétique pour mes patients, et plus tard, avec mes étudiants en guérison. Nous présentons tous un aspect énergétique qui va au-delà de notre corps physique. Si notre énergie est perturbée en raison de facteurs de stress, la guérison énergétique peut contribuer à nous faire recouvrer l'équilibre qui nous est si nécessaire. Il y a une vingtaine d'années, lorsque j'ai commencé à faire des séances de guérison en cabinet privé, étant si novice en la matière, je n'avais pas encore vraiment appris à me faire confiance, alors je me suis aidée de mon pendule pour savoir comment procéder au mieux aux séances de guérison – quelles techniques seraient les mieux adaptées, quelles pierres naturelles ou huiles essentielles pourraient être bénéfiques, et ainsi de suite. J'ai découvert que le pendule me donnait presque toujours les réponses qui étaient en accord avec ce que me disait ma voix intérieure, en constatant qu'elles se vérifiaient dans le monde extérieur. Plus je recevais les oscillations du pendule confirmant ce que je savais au fond de moi, plus cela m'aidait à renforcer ma capacité à me fier à mon intuition et à me faire confiance.

Finalement, j'ai commencé à enseigner la guérison énergétique, que j'adore transmettre aux novices. C'est si enthousiasmant de voir quelqu'un ressentir pour la première fois ce qui caractérise sur le plan énergétique un être humain ou un animal. C'est un moment « Aha ! » et un privilège d'en être témoin. Comme moi, les étudiants débutants en guérison énergétique ont également besoin de pratique et de retours positifs pour apprendre à se fier de mieux en mieux à leur intuition. Ils doivent par ailleurs acquérir la capacité de reconnaître la force vitale en eux-mêmes, chez les autres et chez tous les êtres vivants, et savoir comment, quand et où procéder. Afin d'aider les patients pendant les séances de guérison, il n'y a pas de meilleur moyen que le pendule pour voir comment l'énergie circule et pour recevoir un retour intuitif.

L'un des exemples les plus étonnants de l'utilisation du pendule dans ce domaine concerne les sept centres d'énergie appelés « chakras ». Ces vortex tourbillonnants d'énergie de couleur claire correspondant au spectre de l'arc-en-ciel se trouvent à l'intérieur de chacun de nous. Ils doivent être ouverts et tourner avec régularité afin qu'il soit possible de parvenir à l'équilibre dans la vie. En utilisant un pendule, vous pourrez potentiellement suivre son mouvement qui vous permettra d'établir si les chakras de quelqu'un sont ouverts ou fermés, et les résultats peuvent être plutôt spectaculaires. Je n'oublierai jamais la première fois où j'ai vu un pendule rester immobile alors que je le faisais passer au-dessus du corps d'un patient. J'ai été choquée ! Cela signifiait que, pour une raison ou une autre, son énergie était complètement bloquée et que cette chère âme avait vraiment besoin de guérison énergétique.

En plus de détecter si ces centres d'énergie sont ouverts ou fermés, le pendule peut contribuer à faire progresser les choses dans la bonne direction. Dans les cas où les chakras ont besoin d'être plus ouverts, il pourra vous y aider afin que l'équilibre et la paix soient rétablis dans le corps, l'âme et l'esprit. Une fois que j'ai développé mes capacités à répondre à des questions simples et à débloquer l'énergie, j'ai finalement pris conscience de la mission la plus importante à laquelle contribue un pendule : la compréhension de soi. Il n'y a pas de meilleur outil pour vous aider à cerner en vous-même ce qui vous convient le mieux et à clarifier votre objectif dans la vie. Bien au-delà des simples questions pour déterminer où aller dîner ou ce que porter pour une soirée, le pendule vous aidera à répondre à certaines des plus importantes que vous vous posez sur votre âme et votre raison d'être.

En cette époque que caractérise la gratification instantanée, il est plus facile que jamais de chercher des réponses à l'extérieur de soi, que ce soit par le biais de lectures psychiques, de films, entre autres contenus. Avec un pendule en guise d'ami et d'allié ultime, grâce aux conseils dispensés dans ce livre, vous apprendrez comment apaiser votre esprit pour vous engager dans les profondeurs de votre âme. Vous découvrirez que votre pendule vous apprendra ce que même vos amis omettront peut-être de vous dire, avec les meilleures intentions : la vérité.

La vérité est subjective et diffère d'une personne à l'autre, mais c'est en vous comme en moi que se trouvent les réponses qui produiront les meilleurs résultats et les plus brillants pour nous, individuellement. Ce qui est bon pour vous ne l'est pas nécessairement pour moi. Nous sommes tous si différents. En étant capable de vous mettre à l'écoute de votre âme, vous pourrez trouver une orientation et des conseils qui vous seront destinés, à vous, personnellement. Si vous vous sentez dans une impasse et avez besoin qu'on comprenne votre être intérieur, le pendule est en cela un véritable cadeau qui donne des résultats considérables sur le chemin de la vie. Lorsque vous apprenez à vous faire confiance et à suivre ce que vous savez être juste au plus profond de votre âme, vous prenez vraiment possession de votre pouvoir.

Je ne saurais dire le nombre de fois où j'ai posé des questions à mon pendule et où j'ai refusé d'entendre la réponse qu'il m'avait transmise. Si je voulais un « oui » et que j'avais obtenu un « non », j'ai appris que suivre le pendule, même sans savoir ce qui découlait de ce que je faisais dans l'état actuel des choses, donnait toujours un meilleur résultat. Votre pendule vous relie à votre moi supérieur ou à la quintessence de votre âme. Ce qui est bon pour votre âme à long terme n'est pas toujours évident. Après tant d'échecs dans ma jeunesse, j'ai finalement pris conscience que suivre ces conseils supérieurs à l'aide de mon pendule m'a apporté des récompenses exceptionnelles et un profond sentiment de confiance en moi, qui est un don de l'esprit et est depuis inébranlable alors que j'avance dans ma vie.

Qui, dans notre existence, a vraiment à cœur nos intérêts ? Si nous avons de la chance, notre famille et nos amis nous soutiennent, mais ils peuvent souvent nous orienter vers des destinations basées sur leurs expériences personnelles plutôt que sur celles que nous avons vécues. Se tourner vers soi et vers son âme tout en constatant de visu les réponses que l'on cherche est un cadeau extraordinaire que l'on s'offre à soi-même. Travailler en s'inspirant de ce que présente ce livre est un point de départ idéal pour approfondir la relation et la confiance que vous entretenez avec vous-même. Si vous êtes un praticien du pendule de longue date, ce livre vous offrira une remise à niveau étonnante, remplie de nouvelles variantes afin de recevoir des réponses plus précises en recourant aux fantastiques diagrammes que Lana et Karina ont conçus pour vous apprendre à vous en servir.

C'est pour toutes ces raisons et bien plus encore que j'adore absolument le guide *Pendule & intuition* de mes chères amies. Comme moi, elles adhèrent à l'idée de donner les moyens à une personne de trouver en elle-même sa propre vérité et ses réponses afin d'établir une plus puissante connexion avec le plus grand bien de tous ceux concernés. Je recommande vivement ce livre à toutes celles et tous ceux désireux de trouver les réponses aux questions qui importent, tout en établissant une relation aimante avec eux-mêmes.

— Shelley A. Kaehr, PhD, auteure de *The Goddess Discovered* et de *Heal Your Ancestors to Heal Your Life*

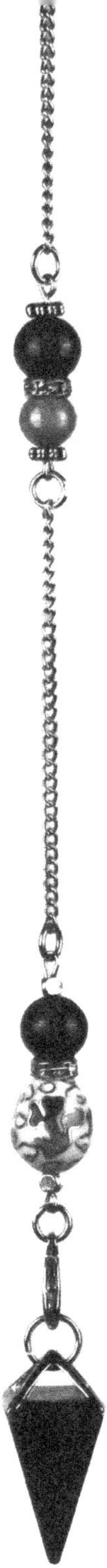

INTRODUCTION

Et si nous vous disions que vous pourriez avoir avec vous, à tout moment, un extraordinaire assistant d'orientation personnel (EAO) ? Cet ami et allié vous serait exclusivement dévoué, en vous aidant à déterminer, par exemple, s'il est temps de quitter votre travail de bureau pour poursuivre votre rêve d'ouvrir votre boutique d'articles de seconde main, ou vous décider sur ce que vous allez porter en vue d'un rendez-vous arrangé avec quelqu'un que vous avez hâte de rencontrer. Ou encore si vous repeignez votre chambre et n'arrivez pas à trouver la couleur adaptée. Et pourquoi pas lorsque vous faites vos courses et que vous vous demandez si tel ou tel aliment sera bon pour votre santé ? La liste ne s'arrête pas là…

Bien sûr, il serait incroyable d'établir avec certitude quelle est la bonne décision pour vous dans l'instant et d'agir en fonction. Ne serait-il pas merveilleux de se décoincer dans les moments de doute, de peur ou d'auto-jugement, ou de trouver la clarté nécessaire dans des circonstances éprouvantes ? Si vous êtes comme la plupart des gens, vous avez probablement été conditionné à adhérer à certaines idées sur vous-même en fonction de votre famille d'origine, de votre milieu social et de tant d'autres facteurs. Il se pourrait que vous reviviez les mêmes histoires limitantes remontant à votre enfance.

Un instrument vous aidera à surmonter ces croyances en vous apprenant ce qui est vrai pour vous, et pour personne d'autre. Nomade et ludique, il fonctionne visuellement, rapidement, facilement et efficacement. Êtes-vous curieux d'en savoir plus ? Si vous lisez ce livre, vous avez probablement répondu par l'affirmative. Cet instrument idéal est un pendule, qui vous permettra d'entrer en relation avec vous-même et de découvrir votre sagesse et ses conseils venant de l'intérieur. Le secret du pouvoir du pendule est l'intuition qui est en chacun de nous – c'est notre superpouvoir. Votre intuition, par l'intermédiaire de votre inconscient, est votre extraordinaire assistante d'orientation, disponible à tout moment car faisant partie inhérente de vous. Elle réside à l'intérieur de votre esprit, de votre corps, de votre cœur et de votre âme. Pour beaucoup d'entre nous, il peut sembler difficile d'accéder à son intuition ou de s'y fier. Dans ce livre, nous allons vous démontrer le contraire.

Le pendule est plus qu'un objet utile permettant de faire émerger des réponses de l'intérieur de soi. Souvent pris pour un bijou, ce petit instrument magnifique symbolise un changement plus important qui se produit à l'échelle collective et planétaire. Bon nombre d'entre nous parlent de cette période de notre histoire comme d'une époque qui fera évoluer l'humanité vers un état d'être supérieur, une conscience collective qui s'élève en une Nouvelle Terre – un monde dans lequel la vie gagne en légèreté, en liberté, en bonheur et en illumination.

Vous avez sans doute déjà entendu parler du pendule, mais sans trop savoir comment l'utiliser ou dans quel objectif. Vous en avez peut-être déjà un et aimeriez élargir vos connaissances et perfectionner vos compétences. Dans tous les cas, vous êtes au bon endroit. Selon nous, tout le monde devrait être équipé d'au moins un pendule. Cet instrument peut être simple, complexe, ou tout ce qui se trouve entre ces deux extrêmes. Certains utilisent un anneau ou un trombone suspendu à une ficelle. Il est même possible de se servir d'un pendentif. Le pendule est un outil très personnel, et en tant que tel, en avoir un que vous aimez renforcera votre relation avec lui – et avec vous-même. Que vous l'utilisiez pour une orientation, la guérison, une pratique énergétique ou la radiesthésie, il est essentiel de savoir qu'il ne détient pas à lui seul le pouvoir et la magie. Le pouvoir est en vous ! Sans vous, le pendule reste un objet.

Au cours des dernières années, nous avons parlé avec des milliers de personnes qui désiraient aller plus loin afin de se connecter à leur connaissance intérieure. Ce qui nous a le plus surprises, ce sont les liens particuliers et personnels que nous établissons en transmettant au monde notre message sur le pendule et l'intuition, ainsi que l'enthousiasme qu'éprouvent les gens à en faire usage, la preuve qu'ils sont particulièrement nécessaires à l'heure actuelle. Il y a tant de curiosité à ce sujet, ce qui s'explique par le fait que les praticiens font émerger des réponses enfouies au plus profond de leur inconscient, et qui révèlent les conseils qui s'y trouvent. C'est comme s'ils avaient engagé intérieurement la conversation avec leur âme.

Notre voyage

Ce livre traite de l'apprentissage en profondeur, de l'amitié et de la découverte de nouveaux départs grâce au pouvoir de l'intuition lors de la pratique du pendule. Nous sommes essentiellement deux femmes qui font abstraction des attentes venant de l'extérieur, notamment de leur famille, de leurs amis et de leurs collègues, et qui se tournent vers les conseils venant de l'intérieur pour s'orienter dans la vie ; vie que nous avons pu transformer pour y accueillir chaque jour la joie, le bonheur et la liberté en renforçant notre relation avec notre intuition et en suivant les conseils dispensés par cette petite voix intérieure. Notre carrière et notre vie personnelle sont pour nous des sources d'épanouissement considérables. Nous sommes toutes deux des redresseuses d'entreprises et d'organisations à but non lucratif et nous avons appris que si quelque chose doit être changé, nous sommes prêtes à nous en remettre à notre intuition en la laissant nous guider. Il n'en a pas toujours été ainsi. Nous avons passé des dizaines d'années dans des carrières et des relations relativement épanouissantes, mais qui ont fini par nous épuiser.

Les hauts et les bas nous ont incitées à chercher un travail qui nous motive vraiment en ayant pour nous du sens, tant sur le plan professionnel que personnel. Nous avons imaginé nos carrières idéales et pris des mesures pour les concrétiser, et c'est ainsi que nous avons créé HeartCentric. Nous avons été divinement guidées sur cette voie, mais nous nous sommes aussi fiées à notre intuition et avons suivi la « route de briques jaunes[1] » tracée par nos EAO. Même si cette démarche a donné lieu à beaucoup d'incertitudes, nous avons surmonté la peur et les défis. Nous poursuivons notre chemin pour dépasser les sentiments d'appréhension et choisir l'amour chaque jour. Ce n'est pas toujours facile, mais c'est passionnant, exaltant et enrichissant.

Nous nous sommes rencontrées pendant la pandémie de COVID-19, alors que nous obtenions nos certificats de compétences en coaching de vie, et nous étions loin de nous douter que nous découvririons notre raison d'être en dirigeant une entreprise du nom de HeartCentric. Notre travail est centré sur la création artisanale de pendules et l'accompagnement de nos clients pour leur apprendre à se connecter à leur intuition en les utilisant. Il ne nous a fallu que quelques mois pour cocréer avec l'Univers – un terme désignant une forme supérieure de conscience que nous emploierons au fil de ces pages – et ouvrir la voie à la manifestation concrète de HeartCentric.

Notre plus grande joie est de voir sur le visage de quelqu'un, lors de son premier essai avec un pendule, se refléter l'étonnement, l'admiration, l'enthousiasme et une nouvelle prise de conscience. Nous apprécions d'initier à son utilisation tous ceux qui ont de la curiosité pour cet instrument. Entrer ainsi en contact avec les gens constitue en grande partie notre approche de l'introduction du pendule dans leur vie. L'énergie que ces expériences apportent est difficile à transmettre sur une plateforme d'écriture bidimensionnelle, car cela tient vraiment de la magie.

Au sujet de ce livre

Ce livre explore le pendule et la façon dont il favorise l'introspection, comment choisir celui qui vous convient le mieux et comment débuter. Il aborde aussi comment en prendre soin – ainsi que de soi-même –, ses applications, dont la divination et la résolution de problèmes, ainsi que des sources d'information, des exercices et des témoignages de personnes en ayant fait usage. Considérez cet ouvrage comme votre compagnon de voyage vers la découverte de soi ! De nombreux livres sur le sujet ont été écrits par des mystiques, des médiums ou des guérisseurs spirituels. Le nôtre est écrit du point de vue de deux femmes engagées sur une voie spirituelle. Bien que nous nous considérions comme des travailleuses de la lumière ayant été guidées pour aider les autres à guérir, nous avons passé des dizaines d'années à travailler dans le monde des affaires – qu'il s'agisse d'entreprises, d'organisations à but non lucratif ou de start-up. Ce guide pratique, écrit par des femmes ordinaires pour des gens ordinaires, permet à toute personne curieuse de puiser dans sa sagesse intérieure de manière accessible et abordable, et de faire connaissance avec le pendule d'un point de vue historique, énergétique ou scientifique. Nous sommes également les créatrices de tous nos pendules, qui sont véritablement « fabriqués à la main avec amour et de bonnes vibrations » – notre slogan. Ce sont des œuvres d'art et des instruments spirituels favorisant la guérison et la divination.

De multiples méthodes d'utilisation s'appliquent à de nombreux objectifs. Nous avons tous le potentiel d'être pour nous-mêmes le meilleur EAO. Nous le répéterons tout au long de ce livre : « Personne ne sait mieux que vous ce qui vous convient le mieux. » La clé permettant d'activer votre superpouvoir est de savoir comment lui donner libre cours et l'utiliser. Quel que soit votre milieu d'origine, indépendamment de votre âge, sexe, nationalité, statut socio-économique ou niveau d'éducation, toute personne désireuse de se muer en son propre EAO peut y parvenir. Nous vous montrerons comment vous connecter à votre intuition avec un pendule, quelles que soient les questions que vous vous posez. Votre potentiel pour vivre chaque jour en toute authenticité est illimité. Lorsque vous aurez terminé ce livre, vous serez en mesure de devenir votre EAO le plus infaillible et de vous fier à vous-même pour trouver des réponses. Nous l'avons écrit pour une raison : nous souhaitons informer le plus grand nombre des pouvoirs du pendule. En faisant ce travail, nous vous aidons, ainsi que ceux qui font partie de votre cercle d'influence, à vous connecter à votre intuition, à prendre possession de votre pouvoir et à vivre au mieux votre vie. Nous espérons que vous ferez part de ce que vous aurez découvert sur les pendules et leur valeur à d'autres personnes que vous inspirerez. Chacun individuellement, nous nous aidons mutuellement à atteindre notre plein potentiel. Imaginez un monde où les gens sont heureux et se sentent libres d'être authentiquement eux-mêmes. Quel monde ce serait ! Nous sommes honorées que vous nous accompagniez dans notre voyage. Pour nous, sincèrement, les possibilités sont infinies !

L'un des objectifs de ce livre est d'apporter au plus grand nombre de précieuses informations sur la pratique du pendule. Nous démystifions et déstigmatisons cet instrument en le normalisant et en l'intégrant dans le courant dominant. Grâce à nos événements en présentiel et à nos ateliers de formation, nous avons recueilli beaucoup d'histoires de guérison et d'*empowerment* directement auprès de nos clients sur la façon dont ils utilisent personnellement cet outil, et qui sont relatées dans ce livre. Nous sommes reconnaissantes d'avoir eu l'opportunité de faire partie de ce voyage à ce moment clé de l'histoire.

Notre mission est simple : donner aux gens les moyens de se connecter à leur intuition à l'aide d'un pendule. Nous pensons que cet outil ancestral a toute sa place dans le monde moderne, en particulier alors que nous laissons derrière nous les dogmes obsolètes et que nous sommes à l'aube d'une Nouvelle Terre. Il n'y a pas de meilleur moment pour faire connaître au grand public cet instrument – afin de contribuer à la guérison, de s'orienter parmi les hauts et les bas de la vie, et surtout de donner aux gens les moyens de vivre mieux. Nous sommes tous des êtres créatifs et intuitifs, et nous avons déjà en nous toutes les réponses que nous cherchons. Exploiter cette sagesse s'apparente à découvrir une mine d'or. En ayant appris à se connecter profondément à soi-même et à aller chercher en soi les réponses, il est alors possible de prendre des décisions à partir du cœur plutôt qu'à partir du mental. La prise de décision centrée sur le cœur nous guide en fin de compte à vivre dans la joie. Et si davantage de personnes parviennent à vivre ainsi, c'est toute l'humanité qui en bénéficie. Nous vous invitons à vous joindre à nous afin de contribuer à un impact durable sur le monde !

À la découverte de notre créativité innée

Pour nous, il est passionnant de trouver comment intégrer les pendules dans un contexte plus large dans le monde moderne, car nous savons qu'ils permettent aux gens de se connecter à leur intuition, liée à leur créativité, qui fait partie de notre ADN, à nous, les êtres humains. Nous sommes tous par nature créatifs. C'est lorsque nous alignons notre cœur sur notre esprit et que nous puisons dans notre créativité que nous sommes en mesure de donner vie à des idées et de les commercialiser plus rapidement. Il est de la plus haute importance pour nous de parvenir à un « flow créatif » afin d'améliorer notre vie et de la vivre en accord avec notre esprit inventif.

Êtes-vous prêt à procéder à une introspection en vue de vivre votre vie la plus authentique et la plus en accord avec votre vérité ? Si c'est le cas, alors vous avez trouvé le bon outil pour cela. Nous pouvons nous laisser porter par nos rêves, mais à un moment donné, il est temps de les concrétiser. Il va sans dire que l'intuition nous a guidées sur la bonne voie – et elle fera de même pour vous. Nous sommes ravies de vous accompagner dans ce voyage à la découverte de soi, dans les temps actuels, à l'aide de cet instrument ancestral.

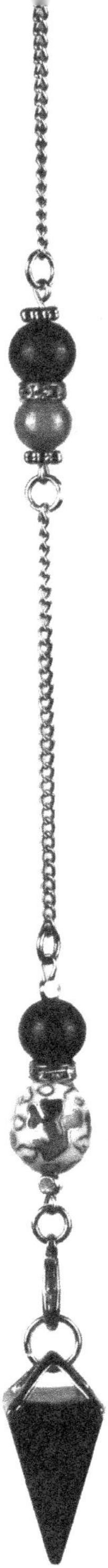

Chapitre 1
PLANTONS LE DÉCOR

Avant de nous plonger dans votre passionnant voyage avec le pendule, nous souhaiterions prendre un moment pour planter le décor quant à l'importance de l'intuition, du pouvoir de l'inconscient, des bienfaits de prendre soin de soi, et des connaissances de base sur les facultés extrasensorielles que nous désignons par les « clair- ». Pour utiliser efficacement un pendule, et de manière responsable, il n'est pas nécessaire d'être enseignant spirituel. Nous avons constaté que nos propres capacités intuitives se développaient à la vitesse de l'éclair lorsque nous avons consciemment décidé d'abandonner nos croyances limitantes pour laisser notre intuition s'exprimer. Pour Karina, cela s'est traduit par le fait de renoncer à ce besoin de prendre des décisions essentiellement fondées sur des données. Pour Lana, il s'agissait de se défaire d'une certitude de longue date : « Ce n'est pas dans les étoiles pour moi. » La voie qui s'est offerte à nous a été pavée d'expériences enrichissantes qui emplissent nos cœurs de joie chaque jour. Lorsque vous vous ouvrez à votre intuition, vous vous ouvrez à d'infinies possibilités.

Qu'est-ce que l'intuition ? Oprah Winfrey en parle en ces termes : « Faire confiance à la petite voix tranquille [qui est presque] plus un sentiment [ou] une sensation chuchotée qui palpite juste sous la surface. » Pour elle, il s'agit de faire confiance à son instinct et de le laisser l'orienter dans la direction qui lui convient le mieux[1].

De nombreuses personnes qui ont contribué à changer le monde se sont fortement appuyées sur leur intuition, qui a été à l'origine de leurs découvertes et/ou inventions révolutionnaires. Pensez à Albert Einstein, Nicola Tesla, Steve Jobs et tant d'autres. La théorie de la relativité d'Einstein est considérée comme l'apogée de la physique moderne. Cette célèbre citation, qui lui est souvent attribuée, le résume parfaitement : « L'esprit intuitif est un don sacré et l'esprit rationnel est un serviteur fidèle[2]. » Einstein a essuyé de nombreuses critiques venant de la communauté scientifique pour avoir suivi son intuition et remis en question des siècles de recherches. Voici une autre de ses citations qui nous plaît beaucoup : « Toutes les grandes réalisations de la science doivent partir d'une connaissance intuitive[3]. »

Steve Jobs, homme d'affaires, inventeur et investisseur américain, notamment connu pour avoir cofondé l'entreprise Apple, a attribué à son intuition le mérite d'avoir trouvé la voie qui l'a mené à la réussite professionnelle. Notamment dans le discours de fin d'année qu'il a prononcé à l'adresse des jeunes diplômés en 2005 à l'université Stanford, il les invite vivement à « avoir le courage de suivre [leur] cœur et [leur] intuition qui, d'une manière ou d'une autre, savent déjà ce que vous voulez vraiment devenir ». Dans son expérience personnelle, Steve Jobs a choisi de se fier à ses capacités intuitives, une approche qui ne l'a jamais déçu[4].

C'est votre inconscient qui active votre intuition. En puisant dans une mine où sont enfouis des souvenirs de ce que vous avez vécu comme expériences, vous accédez à des informations qui vous permettent potentiellement de vous orienter dans votre vie au moment présent.

De l'importance de l'intuition

Le parfait outil d'initiation pour se connecter à son intuition, c'est le pendule. En puisant dans notre sagesse intuitive et en suivant les conseils que l'on en reçoit, on se retrouve dans le courant de la vie. Les obstacles apparemment insurmontables deviennent plus faciles à gérer. Les problèmes apparemment insolubles deviennent de petits défis à relever sur le parcours. L'intuition est **une lumière qui nous guide** et nous permet d'avancer au mieux sur notre chemin de vie et de découvrir les opportunités infinies qui s'offrent à nous chaque jour.

Pourquoi ne nous a-t-on pas appris à recourir plus souvent à ce superpouvoir ? Historiquement, notre société nous a inculqué de recourir à notre esprit logique, et de douter des conseils nous parvenant intuitivement. Mais en permettant à notre intuition de s'exprimer, notre esprit logique, ou notre ego, s'efface, ce qui permet aussi à notre cœur de s'exprimer. Lorsque nous agissons en fonction de ce que désire notre cœur, nous honorons ce qui nous convient vraiment le mieux. Il est toujours possible de demander conseil à nos amis, à notre famille ou en ligne. Mais en sollicitant notre cœur, nous recevons toujours les réponses en faveur de notre plus grand bien. Après tout, personne ne sait mieux que vous ce qui vous convient le mieux.

Votre esprit intuitif réside dans votre inconscient, qui est essentiellement le dépositaire de toutes vos expériences et contrôle presque tout dans votre vie. Il garde en mémoire vos croyances, vos souvenirs, vos sentiments, vos émotions, vos dons et vos talents. Tout ce que vous avez vu, fait, vécu, ressenti, pensé et imaginé y est également entreposé. En vous connectant au pouvoir de votre inconscient, vous serez prêt à accueillir dans votre vie des cadeaux dépassant vos rêves les plus fous.

Concevoir comment accéder à toute cette sagesse qui est déjà en vous est l'opportunité qui s'offre à vous chaque jour. En travaillant avec un pendule, vous pourrez puiser constamment dans ces conseils venant de l'intérieur et apprendre à vous y fier. Avant de nous plonger dans la façon de procéder, explorons ce que veut dire se connecter à sa sagesse profonde, ou à son intuition. Après tout, ce n'est pas quelque chose que nous pouvons constater de visu. Il s'agit plutôt d'un sentiment, d'une connaissance intérieure. Fondamentalement, nous vous demandons de relier votre esprit à votre corps physique et à votre cœur.

Le corps humain est constitué de trois réseaux distincts interreliés : la tête, l'intestin et le cœur. Souvent désignés par les « trois cerveaux », ces systèmes de traitement et organes centraux contrôlent notre santé physique, nos pensées et nos sentiments. Nos connaissances intuitives proviennent de notre connexion cœur-intestin-âme, et non de notre esprit conscient[5].

Au cours des quarante dernières années, le HeartMath Institute a mené des recherches approfondies sur le thème de la « cohérence » cardiaque, définie comme un état de performance et de santé optimal – sur le plan physique, émotionnel, mental et spirituel – qui nous permet de donner le meilleur de nous-mêmes. Les études de cet institut ont révélé que « le cœur transmet en fait plus de signaux au cerveau que le cerveau ne lui en envoie ! De plus, ces signaux cardiaques ont un effet significatif sur les fonctions cérébrales – influençant le traitement des émotions ainsi que les facultés cognitives supérieures telles que l'attention, la perception, la mémoire et la résolution de problèmes. En d'autres termes, non seulement le cœur répond au cerveau, mais le cerveau répond en permanence au cœur[6] ».

Alors que notre mental réfléchit et résout les problèmes en se basant sur les preuves obtenues, notre connaissance intuitive se connecte à la conscience à un niveau énergétique. Elle ne peut décrypter aucune limite. C'est un radar pour tout ce qui est bon et non limité par les contraintes de l'esprit rationnel. En permettant à notre intuition d'exercer une plus grande influence sur notre vie, une connexion plus forte entre le cerveau gauche et le cerveau droit s'établit et active les neurones qui favorisent la créativité, l'imagination et un état d'esprit ludique et enjoué.

Le cœur énergétique, tel qu'il a été étudié au HeartMath Institute, comprend une intelligence innée, et non acquise, qui se trouve dans l'esprit conscient, et il constitue le moteur de la cohérence cœur-esprit. Lorsque le cœur est ouvert et qu'il influence l'esprit, notre niveau de conscience augmente de façon exponentielle. La cohérence cœur-esprit nous permet d'accéder à un niveau de conscience supérieur[7].

Quel est le rapport entre toutes ces informations et la pratique du pendule ? Cela nous ramène à **la richesse de la sagesse**, guidée par notre cœur, qui est toujours à notre disposition. En nous mettant à l'écoute de la sagesse venant de notre cœur, nous permettons à la cohérence cardiaque de se mettre en place. Le pendule est un merveilleux instrument pour poser des questions profondes et puiser dans la sagesse innée dont nous disposons déjà. Une fois que l'on en a fait émerger ce qui nous est nécessaire, il nous est possible d'être réceptifs à notre sagesse et d'agir en fonction, ce qui sera à l'origine d'un état mental et émotionnel plus positif. Vivre dans cette positivité nous permet de nous sentir bien, de vivre dans l'harmonie et la joie, et d'opérer au mieux dans chaque domaine de notre vie.

La science derrière le pendule

Pour tous les êtres humains, 95 % de l'activité cérébrale se situe dans l'inconscient, l'hôte des fonctions automatiques de notre organisme comme la respiration, ainsi que des émotions, des habitudes, de la créativité et de la mémoire à long terme. Seuls 5 % de l'activité cognitive sont alloués à l'esprit conscient[8]. Nous allons nous concentrer sur la manière de faire réémerger toutes les informations utiles enfouies dans votre inconscient.

Il y a tant de façons d'y accéder : par la méditation, le yoga, le tarot divinatoire, les cartes oracle, le test musculaire, la visualisation – ce ne sont que quelques-unes de ces multiples possibilités. Le pendule est la méthode que nous préférons, car il donne la parole à l'inconscient par le biais d'un mouvement visuel et énergétique, et plus rapidement que toute autre pratique de notre connaissance.

Travailler avec un pendule, c'est faire en sorte que notre esprit conscient et notre inconscient se parlent. Nous nous référons souvent au modèle de la théorie de l'iceberg de Freud pour établir la différence entre l'esprit conscient et l'inconscient. Dans sa théorie psychanalytique de la personnalité, Freud affirme que tout ce que nous reconnaissons est ce dont est composé l'esprit conscient. Il s'agit de la partie émergée de l'iceberg ; l'inconscient étant représenté par ce qui le constitue en majeure partie et se trouvant sous la surface, la partie immergée de l'iceberg. Pour ce psychanalyste, l'essentiel du contenu de notre esprit se trouvait dans l'inconscient. Ce contenu riche et puissant est accessible à toute personne disposée à regarder sous la surface et à s'engager dans le travail qu'il est nécessaire de faire[9].

L'esprit conscient, défini comme étant responsable de la réflexion, de l'attention, de la pensée logique et du raisonnement, contrôle également toutes nos activités quotidiennes effectuées volontairement. Il équivaut au **gardien**. Il suit les choses de près et communique avec le monde extérieur et le moi intérieur par le biais des récepteurs sensoriels, pensées, paroles, images, écrits et activités physiques.

Selon des études récentes, l'esprit conscient est considérablement dépendant de l'inconscient, qui détermine le fonctionnement de l'être humain dans son ensemble[10], et qui est défini comme la partie de l'esprit responsable de toutes les actions involontaires et des informations accessibles reçues au quotidien. Par exemple, on sait que les processus continus de la respiration, de la circulation sanguine et du rythme cardiaque sont contrôlés par l'inconscient, ainsi que toutes nos émotions. C'est pourquoi nous éprouvons certaines émotions désagréables, comme la tristesse, la peur ou l'anxiété, en réponse à des circonstances données.

L'inconscient est également connu pour être le lieu où s'accumulent croyances, attitudes et souvenirs personnels s'inscrivant à long terme. Chaque jour, une multitude d'informations vous bombardent. Votre esprit conscient ne peut pas tout examiner et traiter. L'esprit inconscient est le filtre qui traite tout et ne laisse passer que ce qui est pertinent à un certain moment pour votre esprit conscient[11].

Le pouvoir de l'inconscient

L'inconscient est extrêmement puissant. Il agit de son plein gré sur les pensées vécues avec beaucoup de conviction et de désir. Lorsque vous vous autorisez à imaginer et à faire émerger vos désirs les plus profonds, votre inconscient ouvre tous les canaux de communication disponibles vers votre esprit conscient, y laissant entrer les informations dont vous avez besoin pour que vos rêves se fassent réalité. En donnant à votre inconscient les moyens de vous aider à réaliser ce à quoi vous aspirez, vous vous ouvrez à toutes les opportunités qu'offre la vie afin d'accomplir ce que vous voulez.

Votre mental et votre programmation sont peut-être les seuls obstacles qui vous empêchent de parvenir à votre plein potentiel, et afin de les surmonter, il est nécessaire d'avoir une relation consciente avec votre inconscient et de le maîtriser. Pour qu'il exécute le meilleur programme possible, il est nécessaire de reprogrammer les croyances ou schémas négatifs qui persistent.

L'inconscient s'exprime par des sentiments, des rêves, des images ou des sensations. Il capte toutes les informations perçues par l'intermédiaire de nos cinq sens. Lorsque nous le programmons pour qu'il se concentre sur le repérage et l'apport d'opportunités alignées sur nos objectifs les plus élevés et sur notre plus haut potentiel, il se met au travail. En alimentant l'un de ces objectifs par un fort désir émotionnel et une confiance absolue dans le résultat, cela génère un afflux d'opportunités qui commencent à se manifester dans notre conscience à l'état d'éveil. Notre inconscient est là pour nous servir, alors réfléchissez bien aux informations que vous consommez et à la façon dont vous vous adressez à vous-même.

Le pendule est un instrument d'une efficacité considérable pour accéder à l'inconscient, car il est possible de le voir et de le sentir travailler avec notre propre énergie. Il traduit ce que nous dit notre intuition en mouvements pour répondre « oui » ou « non » à des questions. En lui en posant, on extrait ce qui est profondément enfoui dans l'inconscient pour le faire émerger dans la conscience.

Les pendules existent depuis des siècles, mais en général, notre société ne sait que fort peu, si ce n'est rien, de leur utilisation et de leur valeur. Les sceptiques sont convaincus que c'est la personne qui tient le pendule qui le fait bouger. Et ils ont raison… en quelque sorte. À première vue, cela se vérifie en partie. La différence étant : en tenant un pendule, on n'a pas conscience de le faire bouger.

En creusant davantage pour comprendre comment et pourquoi le pendule bouge, et ce que cela signifie par rapport à votre vie et à votre esprit conscient, il y a une explication d'ordre scientifique et énergétique. Cette communication se fait par le biais de l'effet idéomoteur, également désigné par « réflexe idéomoteur » ou « réponse idéomotrice », qui se produit lorsqu'un conseil intérieur fait bouger imperceptiblement votre corps sans que vous en ayez conscience. Le mouvement des muscles dans votre bras est déclenché par l'activité cérébrale au niveau de votre subconscient[12]. Ainsi, en posant à votre pendule une question à laquelle répondre par « oui » ou « non », il vous transmettra ce que votre intuition sait déjà subconsciemment. L'inconscient envoie un signal au cerveau, qui transmet à son tour un signal le long de votre bras et déclenche le mouvement de votre main, des réflexes à peine perceptibles étant donné que notre corps fait ce mouvement involontairement.

Michel-Eugène Chevreul, chimiste français, surtout connu pour ses contributions à la science, à la médecine et à l'art au XIXe siècle, a étudié de manière approfondie ce phénomène. Ses recherches pionnières nous ont permis de comprendre le fonctionnement du pendule d'un point de vue scientifique. Il en a conclu que ce sont en effet nos pensées et nos intentions qui envoient un signal au cerveau, lequel est transmis par l'inconscient aux muscles appropriés, provoquant des micromouvements invisibles à l'œil nu et que communique le pendule[13].

Enrichir notre inconscient

Alors que nous commençons à apprécier les conseils que notre esprit intuitif nous transmet pour nous aider à vivre au mieux notre existence, il ne faut pas oublier d'enrichir continuellement cette base de connaissances grâce à l'apprentissage et aux expériences. Vous pourrez poursuivre en permanence cette quête de connaissances afin de parvenir à développer vos capacités intuitives en recourant à de simples méthodes, dont l'une consiste à s'adonner à des passe-temps. Avez-vous envisagé de vous lancer dans une toute nouvelle activité ? Comme prendre des cours de poterie ou voyager en terre inconnue ? Ces expériences donnent l'occasion de voir le monde sous un autre angle, de découvrir d'autres possibilités ou d'élaborer des solutions innovantes aux problèmes survenant au quotidien.

Au début, se lancer dans une nouvelle expérience peut être inconfortable. Pour la vivre pleinement, il faut être prêt à sortir de sa zone de confort et à se mettre au défi de grandir et d'élargir son « fichier rotatif » d'informations intuitives. Le changement peut être difficile et susciter l'appréhension et l'anxiété chez certains d'entre nous. Il s'agit là de réactions humaines on ne peut plus naturelles. Cependant, en cherchant principalement à rester dans sa zone de confort, on se limite, ce qui empêche d'élargir ses potentiels. La vie consiste à explorer toute la gamme des expériences humaines. En nous permettant d'éprouver pleinement la peine ou le plaisir, la souffrance ou la satisfaction, ou de faire l'expérience d'affronter des défis ou de trouver des solutions, nous renforçons les connaissances, l'empathie et les compétences nécessaires à une véritable expansion de notre réserve sur le plan intuitif.

Votre pendule vous aidera à vous fier de plus en plus aux conseils que vous recevrez. Ainsi, vous enrichirez continuellement votre inconscient, de manière positive.

Prendre soin de soi

Un autre facteur impératif pour favoriser une profonde connexion à l'intuition consiste à prendre soin de soi. C'est en se sentant bien physiquement, émotionnellement et mentalement que l'on obtient le plus de clarté et de sagesse et que l'on se connecte le plus profondément à son intuition. En en faisant une priorité, on est mieux équipé pour partir à la découverte de soi-même, se ressourcer énergétiquement, se laisser guider intérieurement par des conseils judicieux, trouver les meilleures solutions et, finalement, exulter de joie et de bonheur.

Le processus est simple. Pensez à l'acronyme PVC :

1. P pour « priorité » : donnez-vous la priorité.
2. V pour « vous » : cherchez en vous-même des solutions aux défis rencontrés.

3. C pour « confiance » : lorsque la solution vous vient des conseils de votre for intérieur ou de votre intuition, apprenez à vous y fier et suivez-les s'ils vous semblent appropriés. Vous le saurez.

Précisons ce que nous entendons par **« P pour "priorité" : donnez-vous la priorité »**. C'est une formule simple. Assurez-vous de remplir d'abord votre tasse avant de remplir celle des autres, car selon l'expression bien connue : « On ne peut pas verser de l'eau à partir d'une tasse vide. » En vous donnant la priorité en prenant soin de vous, vous serez mieux à même de prendre soin des autres. La meilleure façon de motiver autrui est de lui apprendre en lui donnant l'exemple. En montrant qu'il est important de prendre soin de soi, vous apprendrez aux autres à faire de même. En fin de compte, ils seront plus enclins à suivre votre exemple. Tout le monde y gagne !

Comment prendre soin de soi, précisément ? Les livres, articles ou vidéos traitant de ce sujet ne manquent pas ; nous n'allons donc pas en rajouter dans ces pages. Nous vous proposons quelques suggestions dans la section des ressources recommandées à la fin de cet ouvrage. Au niveau le plus élémentaire, prendre soin de vous consiste à nourrir votre corps et votre esprit en vous reposant suffisamment, en faisant de l'exercice et en consommant des aliments sains et nourrissants. Prenez vos vitamines, promenez-vous dans la nature, méditez et buvez beaucoup d'eau. Et faites tout cela chaque jour.

Explorons maintenant **« V pour "vous" : cherchez en vous-même des solutions aux défis rencontrés »**. Lorsqu'il s'agit de résoudre des problèmes, nous sommes les mieux armés pour cela. Vous en aurez peut-être assez de nous entendre répéter que « toutes les réponses que vous cherchez sont déjà en vous ». En tant que coachs de vie, nous pensons vraiment que cette affirmation se vérifie. Lorsque vous trouvez vos propres réponses, elles ont pour vous beaucoup plus de sens que les conseils que vous pourriez recevoir de vos amis ou de votre famille. Il est fort probable que votre entourage vous en donne avec les meilleures intentions et vous souhaite énormément de succès, mais ces personnes considèrent votre situation de leur point de vue, en fonction de leurs expériences, sentiments et apprentissages. Vous seul savez ce qui vous convient le mieux.

Maintenant, penchons-nous sur « **C pour "confiance" : lorsque la solution vous vient des conseils de votre for intérieur ou de votre intuition, apprenez à vous y fier et suivez-les s'ils vous semblent appropriés** ». Parfois, les réponses à nos défis se présentent immédiatement, d'autres fois, dans quelques heures, le lendemain, la semaine suivante, voire des mois plus tard. Mais si vous voulez vraiment voir émerger les réponses, continuez à être réceptif à votre intuition. C'est là qu'intervient la pratique du pendule. Nous verrons plus loin en détail comment procéder. Les réponses pourraient ne pas se présenter dès que vous le souhaitez, mais il est probable qu'elles finiront par émerger. La patience est la clé.

Et maintenant, la meilleure partie. Lorsque la réponse se présente, remarquez ce que cela vous fait ressentir. Est-ce que vous vous sentez bien ? Auquel cas, il s'agit très probablement de la réponse qui vous convient. Si vous ne vous sentez pas bien, ce n'est pas celle qu'il vous faut. C'est aussi simple que cela. Alors, que faire des réponses qui vous semblent vraiment pertinentes ? Agissez en fonction ! Prenez les décisions qui s'imposent et passez à l'action. Votre pendule est toujours à votre disposition pour revérifier, confirmer, approfondir ou tester une autre option. Faites confiance aux conseils qui viennent de l'intérieur et regardez se dérouler sous vos yeux la magie qu'est votre vie. Votre parcours à la découverte de vous-même est en cours. Alors, attachez votre ceinture pour le voyage de votre vie.

Les « clair- »

Et si ce n'était pas si simple pour vous ? D'où proviennent les informations ? Ce sont des questions que vous pourriez vous poser. Apprendre à vous mettre à l'écoute de vos « clair- » et véritablement de votre intuition est une compétence qui peut être développée et vaut la peine d'être explorée. Les « clair- » correspondent à la façon dont votre corps vous oriente vers vos facultés extrasensorielles.

En entrant dans une pièce, avez-vous déjà eu l'intuition que quelque chose clochait ? Ou avez-vous fait l'expérience d'une sensation de déjà-vu ? Votre corps réagit-il par des picotements ou par la chair de poule lorsque vous vivez un moment qui résonne puissamment en vous ? Il s'agit de votre intuition – ou de votre moi supérieur et de vos guides (voir chapitre 5) – qui communique avec vous pour vous transmettre des messages et des conseils. Nous sommes tous nés avec des facultés psychiques. Certains d'entre nous sont plus en phase avec celles-ci et y recourent naturellement, tandis que d'autres doivent y être plus attentifs et les développer, ce qui peut demander du temps. Pour que votre moi supérieur communique avec vous, il est essentiel que vous prêtiez attention aux fréquences spirituelles autour de vous. C'est un peu comme si vous vous mettiez à l'écoute de votre station de radio spirituelle préférée. Intéressons-nous aux « clair- » dominantes.

Clairvoyance : vision claire

Faites-vous des rêves lucides, visualisez-vous des histoires qui se déroulent dans votre tête ou avez-vous des images qui vous surgissent en un éclair à l'esprit ? Si vous avez un sens aigu de la façon dont vous voyez le monde par le biais de votre esprit, vous aurez une tendance à la clairvoyance. Vous pourriez également être capable de voir les couleurs dans les champs énergétique et aurique, de prédire les événements futurs et d'acquérir des connaissances à propos des gens et des choses. Certains d'entre nous ont la capacité de voir les esprits passés dans l'au-delà, ainsi que les guides spirituels, anges et autres entités. Si cela décrit le mieux comment des informations vous parviennent, il s'agit de votre capacité psychique dominante. Vos guides spirituels pourraient communiquer avec vous par le biais de votre clairvoyance.

Clairaudience : audition claire

Si vous êtes en mesure de connaître les événements futurs, le quotidien et les personnes par le biais de bruits, de chuchotements ou de mots, vous avez très probablement cette faculté extrasensorielle, par le biais de laquelle sont souvent captés des sons d'une grande profondeur et d'une signification conséquente, en en entendant ou en en percevant qui sont étouffés ou imperceptibles pour les autres. Certaines circonstances sont ainsi évoquées à travers la musique, des sonorités subtiles et des voix plutôt que par des images, des sentiments ou des odeurs. Souvent, le moi supérieur et les guides spirituels de la personne dotée de clairaudience communiquent avec elle par ce biais, les informations que cela lui évoque lui venant simplement à l'esprit en un éclair.

Clairsentience : sentiment et détection clairs

Si vous éprouvez très facilement de l'empathie envers autrui, si vous ressentez profondément ce qu'il vit ou exprime, et si vous êtes très sensible aux émotions de ceux présents dans votre entourage, la clairsentience pourrait être votre « clair- » dominante. Cette perception extrasensorielle se manifeste souvent par des frissons le long du dos, de fortes intuitions vis-à-vis d'une situation ou de quelqu'un, ou des papillons dans l'estomac. Si cela ressemble à votre « clair- » dominante, vous pourriez sentir ou ressentir des changements dans l'énergie des lieux et les vibrations des gens à proximité de vous. Si vous êtes hypersensible et à l'écoute de vos sentiments et de ceux des autres, vous pourriez être un excellent guérisseur ou soignant-né. Les personnes douées de clairsentience peuvent se sentir épuisées après avoir été immergées dans la foule ou avoir passé du temps en compagnie. Cela vous ressemble-t-il ? Auquel cas, veillez à préserver votre énergie et prenez le temps de la récupérer régulièrement.

Claircognition ou clairconnaissance : connaissance claire

Si vous recevez souvent des pensées, des idées ou des concepts qui semblent soudainement « téléchargés » dans votre esprit, il est probable que vous soyez doté de cette faculté psychique. Se mettre à l'écoute de la sagesse et des informations que vous transmet votre moi supérieur et/ou vos guides spirituels est une compétence à développer afin de déterminer ce qui est vraiment de la claircognition ou clairconnaissance de ce qui pourrait venir du bavardage mental. S'il s'agit de votre « clair- » dominante, vous pourriez trouver des solutions innovantes à des problèmes, ou l'inspiration pour des inventions qui semblent sortir de nulle part. Cette « clair- » exige une confiance considérable et une foi en l'Univers, car il n'est pas vraiment possible d'expliquer précisément pour quelle raison on « sait » soudainement ce que l'on a à faire.

Clairgustance : intuition gustative claire

Cette « clair- » est décrite comme la capacité de goûter une substance qui n'est pas là en réalité. Parfois, les personnes qui en sont dotées disent avoir goûté au plat ou à la boisson préférés d'un parent ou d'un proche passé dans l'au-delà. Si vous êtes détective ou enquêteur, un exemple de clairgustance pourrait être de percevoir des saveurs étranges qui correspondent à certains indices, comme un goût de sang. Un sens du goût accru peut également conduire certaines personnes à devenir d'excellents chefs ou de grands gastronomes, car elles ont souvent par ce biais un rapport particulièrement profond avec les aliments qu'elles consomment.

Clairolfaction : odorat clair

Vous arrive-t-il de sentir une odeur qui vous rappelle une certaine situation ou quelqu'un ? Si vous vous souvenez d'événements ou vivez des expériences par le biais d'un sens de l'odorat intensifié, il se pourrait que vous soyez doté de clairolfaction. Bien que moins courante, cette « clair- » se manifeste lorsque vous avez la capacité de sentir ce qui ne se trouve pas dans votre environnement immédiat. La clairolfaction et la clairgustance peuvent être très personnelles et avoir diverses significations en fonction de l'individu et de ce qu'il a vécu comme expériences dans la vie.

Pour faire la synthèse

La plupart d'entre nous ont plus d'une « clair- » que leur intuition, par l'intermédiaire desquelles leur moi supérieur et leurs guides spirituels – dont nous reparlerons en détail au chapitre 5 – communiquent avec eux. Un certain temps pourrait être nécessaire pour apprendre à discerner une « clair- » d'une autre. Par exemple, il est facile de confondre la clairsentience (sentiment clair) avec la claircognition ou clairconnaissance (connaissance claire) parce qu'une « connaissance » s'accompagne souvent d'une manifestation interne – comme une intuition ou un sentiment intuitif. Souvent, nos dons psychiques se conjuguent pour nous permettre de comprendre ce que nous sommes censés percevoir. Avec le temps et de la pratique, vous serez en mesure de faire la différence. Lorsque vous serez prêt à déterminer vos « clair- » dominantes et que vous aurez appris au chapitre 4 comment travailler avec votre pendule, faites l'exercice suivant.

Exercice

DÉTERMINEZ VOS « CLAIR- » DOMINANTES

Les « clair- » vous aideront à vous mettre au diapason de vos perceptions extrasensorielles. En déterminant à l'aide d'un pendule les plus dominantes chez vous, vous découvrirez comment vos dons psychiques fonctionnent pour vous permettre de comprendre les informations que vous êtes censé recevoir. Veuillez vous référer p. 70 pour apprendre au préalable à calibrer votre pendule, si nécessaire.

Commencez par vous asseoir confortablement dans un endroit où vous ne serez ni dérangé ni distrait. Faire cet exercice dans la nature est une excellente option. Balayez votre environnement du regard, en notant mentalement pendant quelques minutes autant de détails et de sensations que possible. Ensuite, fermez les yeux et concentrez-vous sur votre souffle. Respirez profondément, lentement, pendant que vous passez mentalement en revue ce qui a retenu votre attention lorsque vous scrutiez ce qui vous entoure. Ouvrez les yeux et notez ce qui vous a frappé. Qu'avez-vous remarqué ? Était-ce la vue de quelque chose ? Était-ce une odeur ou un son ? Une pensée vous a-t-elle subitement effleuré en vous évoquant un fait qui vous a surgi à l'esprit ? En fonction de ce que vous avez remarqué, repassez en revue les descriptions de chaque « clair- ». Sélectionnez celles qui ont résonné le plus en vous et qui sont les plus dominantes chez vous. Réfléchissez à la façon dont votre intuition et vos guides spirituels pourraient communiquer avec vous par ce moyen, et notez-le dans votre journal.

Prenez maintenant votre pendule, calibrez-le et faites-le passer au-dessus de chaque « clair- » figurant sur le diagramme présenté à la page suivante. Pour chacune d'elles, demandez au pendule s'il s'agit de votre « clair- » dominante. Par exemple, « La clairsentience est-elle ma « clair- » dominante ? » si cette faculté psychique figure sur votre liste. Si vous recevez un « oui » à plusieurs d'entre elles, demandez laquelle est la plus dominante. Poursuivez en posant toutes les questions qui vous intéressent en rapport avec vos « clair- ». Par exemple, demandez laquelle d'entre elles vous avez le plus intérêt à développer actuellement, ou si le moment est bien choisi pour en savoir plus sur vos perceptions extrasensorielles. Il n'y a aucune limite à ce que vous pourrez apprendre sur vous-même et sur vos dons psychiques. Cet exercice vous aidera à vous orienter sur la meilleure voie à cette étape de votre voyage à la découverte de soi. Plus vous vous entraînerez à remarquer de quelles façons vous recevez des informations, plus vous développerez vos facultés extrasensorielles. Vérifiez avec votre pendule pour confirmer ce que vous apprendrez et faites confiance à la destination vers laquelle vous guide votre intuition.

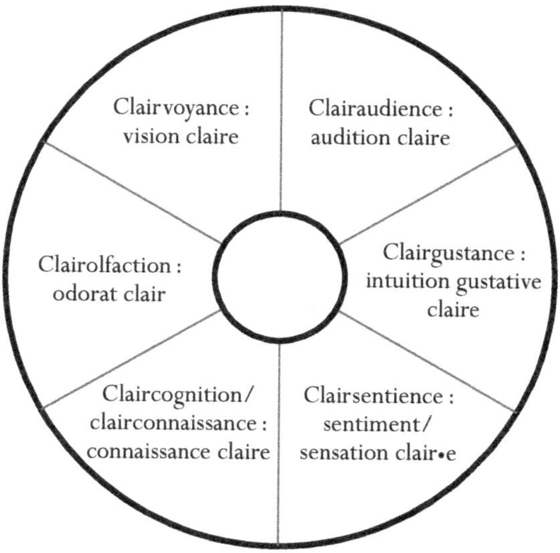

Diagramme des « clair- » dominantes

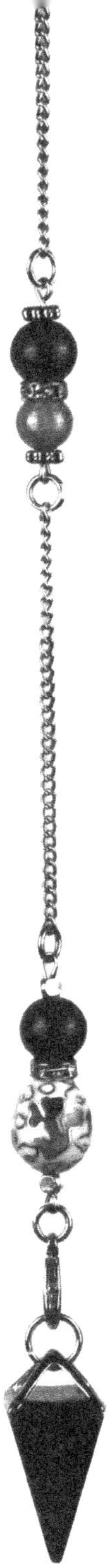

Chapitre 2

QU'EST-CE QU'UN PENDULE ?

Il s'agit d'un instrument qui vous permet de vous connecter à votre intuition et d'accéder aux informations enfouies dans votre inconscient, la partie la plus sage de votre être. Les pendules sont fabriqués à partir de divers matériaux, comme des cristaux, des pierres précieuses, des métaux et du bois. Tout peut le devenir à condition d'être lesté et suspendu à une ficelle ou à une chaînette. **Le pendule travaille avec votre énergie et vous permet d'accéder à votre inconscient et d'en extraire les réponses que vous cherchez**. Cependant, il faut le calibrer au préalable afin de bien déterminer la façon dont il bouge et à quoi correspondent ses mouvements pour répondre respectivement par « oui », « non », « peut-être » ou « pas maintenant ».

Les pendules, de puissants outils tactiles qu'il est possible de voir et de sentir travailler avec notre propre énergie, traduisent ce que nous dit notre intuition par des mouvements lorsque nous cherchons la réponse aux questions que nous leur posons. Cela extrait ce qui est enfoui au plus profond de notre inconscient, le faisant émerger dans notre conscience à l'état d'éveil. En prêtant attention à ces conseils venant de l'intérieur, notre vie commence à suivre plus facilement son cours. En se laissant porter par cet état de flow, il est possible d'accéder à notre pouvoir et de vivre chaque jour dans la joie et le bonheur.

Pour ce faire, il faut aller au-delà de la partie rationnelle de notre esprit conscient. Bien qu'il pourrait sembler que le pendule soit doté en soi d'un esprit, il est important de ne pas oublier qu'il ne s'agit que d'un outil vous permettant de vous orienter en accédant aux conseils qui sont déjà au fond de vous. Essentiellement, cela permet d'avoir **une conversation énergétique avec soi-même**. On le compare souvent à un émetteur radio. C'est un canal qui transporte les informations de votre inconscient et se connecte à votre cœur, là où réside votre intuition. Il transmet ensuite ces informations par un mouvement physique, tangible. Cela permet de découvrir la véritable nature de votre intuition et d'ouvrir votre esprit à de nouvelles perspectives.

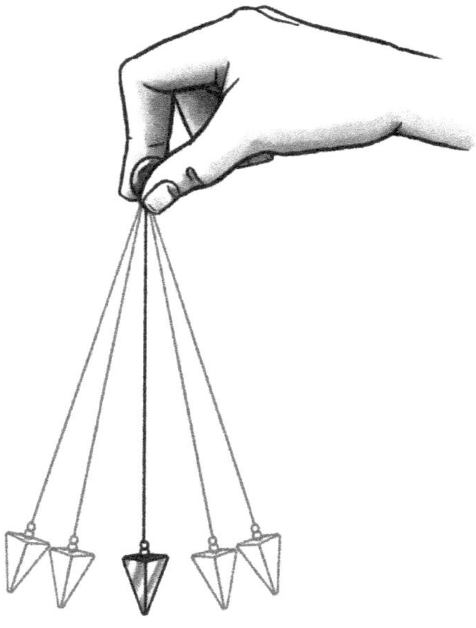

Comment tenir votre pendule

On peut dire que le pendule est un outil trop sous-estimé à la disposition de toute personne recherchant la clarté et souhaitant être guidée intérieurement. Correctement utilisé, il pourrait faire progresser votre vie d'une manière dépassant sans doute votre imagination. Nous pensons que sa facilité d'utilisation demeure inégalée par rapport à tout autre instrument. Il est difficile de croire que quelque chose d'aussi simple puisse libérer à l'intérieur de soi un pouvoir aussi considérable.

Les origines ancestrales du pendule

Des preuves de son utilisation ont été relevées dans de nombreuses civilisations remontant à des millénaires, et elle pourrait même être antérieure à l'histoire archivée. Son usage est né de la discipline de la radiesthésie, pratique permettant de localiser des objets perdus, des sources ou des minéraux sous terre[1]. Le pendule était également utilisé pour la divination, consistant à rechercher la connaissance par l'intermédiaire de moyens occultes ou du surnaturel.

La radiesthésie

On la pratiquait à l'origine avec un pendule ou une baguette de coudrier que tenait le sourcier[2], qui se laissait ainsi guider vers des sources ou des minéraux dans le sous-sol, ayant développé son intuition pour se mettre à l'écoute des vibrations de l'eau ou des pierres. L'eau étant essentielle à la survie, cette compétence a été importante tout au long de l'histoire et on y recourt encore de nos jours.

Comment fonctionne la radiesthésie pour trouver de l'eau ? On croit depuis longtemps que les vibrations transmises par les sources souterraines font bouger le pendule ou la baguette dans les mains du sourcier. Tout le monde peut apprendre à pratiquer la radiesthésie. Il s'agit d'une aptitude naturelle qui peut être améliorée grâce à la pratique, comme pour un sport ou l'apprentissage d'un instrument de musique. Les capacités naturelles de notre corps captent la vibration, pas nécessairement perceptible par le biais de nos cinq sens, qui fait bouger le pendule ou la baguette de sourcier, signalant que ce que nous cherchons a été trouvé. Entre mystère et science, la radiesthésie a résisté à l'épreuve du temps et est encore pratiquée aujourd'hui[3].

Les premières découvertes connues en la matière ont été faites dans le désert du Sahara, en Algérie. En 1949, un groupe d'explorateurs français a découvert les grottes du Tassili, un vaste réseau de cavernes s'étendant sur plus de 72 000 km². Leur objectif étant de trouver des preuves de l'existence de civilisations disparues, tomber ainsi sur de l'art rupestre préhistorique, dont une gigantesque peinture murale où l'on voit un homme au milieu de sa tribu qui cherche de l'eau à l'aide d'un bâton a dû être plutôt stupéfiant. La datation au carbone a indiqué qu'elle remontait au moins à 8 000 années[4].

Les pendules dans l'histoire ancienne

On voit exposés des pendules dans les collections du musée du Caire, en Égypte, où ils ont été retrouvés dans des tombeaux datant de plusieurs millénaires. En outre, des gravures représentant des pharaons tenant ce que l'on suppose être une baguette de sourcier ont été découvertes sur des temples égyptiens vieux de 4 000 années[5]. L'auteur Richard Webster nous apprend que les Égyptiens recouraient à la radiesthésie pour déterminer l'emplacement de leurs champs à cultiver, et que le symbole de l'ânkh pourrait représenter un pendule ou une baguette de sourcier[6].

Dans la Chine ancienne, grâce aux pendules, on faisait obstacle aux esprits négatifs et on déterminait quelle en était l'origine. « Dans une gravure représentant l'empereur Yu, qui a régné sur la Chine il y a deux mille cinq cents ans, il tient un dispositif fourchu en rotation assez volumineux faisant penser à un appareil de radiesthésie », explique un membre de la Société américaine des radiesthésistes (American Society of Dowsers)[7]. On attribue au mathématicien et ingénieur Zhang Heng l'invention du premier sismomètre en 132 de notre ère, qui permettait de réagir rapidement aux catastrophes naturelles. Il s'agit d'un récipient en cuivre contenant un pendule et sensible aux tremblements de terre, même se produisant à des centaines de kilomètres de distance. Un séisme déclenchait l'oscillation du pendule, faisant tomber l'une des huit boules qui indiquaient la direction d'où provenaient les secousses[8].

Les pendules à la Renaissance et à l'âge des grandes découvertes

Les pendules ont probablement gagné en popularité grâce à Galilée, à la fin du XVIe siècle et au début du XVIIe siècle, qui a entrepris ses recherches sur ces instruments après avoir observé dans une cathédrale un lustre en perpétuel mouvement. Il a commencé au début des années 1600 à explorer la fonctionnalité du pendule en tant qu'instrument de mesure du temps. Bien qu'il n'ait pas réussi à construire une pièce d'horlogerie en raison de problèmes liés au frottement de l'air, ses expériences ont abouti aux lois du pendule concernant son mouvement, qui s'appliqueront ultérieurement à la fabrication des horloges[9].

À la suite des découvertes de Galilée, le scientifique néerlandais Christiaan Huygens a inventé la première horloge à balancier en 1656, qui pendant plus de deux cent soixante-dix ans, a été la norme en matière de précision de l'heure, jusqu'à l'invention de l'horloge à quartz en 1927. D'un point de vue scientifique, les pendules ont continué à jouer un rôle important dans la conception de machines d'une plus grande complexité, ainsi que dans la compréhension de la physique moderne[10].

Les pendules à l'âge d'or et au-delà

Léon Foucault, physicien français du XIXe siècle, a utilisé pour la première fois ce que l'on a appelé le « pendule de Foucault » pour « démontrer la rotation de la Terre ». Il s'agissait de la première démonstration satisfaisante de ce phénomène à l'aide d'un appareil de laboratoire plutôt que d'observations astronomiques. Il a été exposé de nombreuses années au Smithsonian's National Museum of American History, le musée national de l'histoire américaine[11].

Les pendules et l'Église catholique

Au fil de nombreux siècles, l'Église catholique a entretenu une relation complexe avec le concept de la radiesthésie. À l'époque médiévale, cette pratique ainsi que celle de la divination à l'aide d'un pendule étaient rejetées, étant considérées comme une forme de satanisme. Mais dans les années 1700, lorsque l'Église catholique a compris que les pendules et les baguettes de sourcier étaient efficaces pour localiser l'eau, leur utilisation fit un retour en force.

L'abbé Mermet, prêtre catholique français, est connu comme le roi des sourciers du début du xxe siècle. Ses recherches radiesthésiques ont permis de découvrir de nombreuses ressources souterraines. Le Vatican a souvent fait appel à son expertise lors de fouilles archéologiques à Rome[12]. Son livre, *The Principles and Practice of Radiesthesia*, est un classique. Il croyait fermement aux racines scientifiques de cette pratique : « Personnellement, je dois préciser clairement ma position. Je considère la radiesthésie comme étant purement scientifique. Si ce n'était pas le cas, je l'aurais abandonnée depuis longtemps[13]. »

C'est la pratique correcte de la radiesthésie, pour le plus grand bien de l'humanité, qui est à l'origine des résultats positifs, et non l'objet matériel en soi. Dans son livre *Earth Radiation*, Käthe Bachler écrit : « La baguette et le pendule de radiesthésie sont des objets physiques, et donc neutres, ce qui signifie qu'ils sont au-delà du bien et du mal, comme le serait un couteau, le feu ou l'eau. Il est cependant vrai que le mauvais usage de ces instruments pourrait présenter un danger. Mais entre les mains de personnes intègres, qui n'utilisent le pendule ou la baguette de sourcier qu'au service de leurs semblables, les effets sont des plus bénéfiques[14]. »

Les pendules sont toujours utilisés de nos jours pour la radiesthésie. Des chamans, des scientifiques, des sages-femmes, des chefs spirituels ou des leaders culturels y ont recours, ainsi que les praticiens de la médecine non traditionnelle et holistique pour détecter et diagnostiquer les maladies, identifier les allergies et les intolérances alimentaires et localiser les causes d'infection[15]. De nos jours, les pendules sont le plus souvent utilisés par des personnes ordinaires, comme nous, pour répondre à des questions. Ces outils ancestraux ont survécu à l'épreuve du temps et font leur grand retour !

Apprendre les bases du pendule

Il est important d'apprendre à l'utiliser correctement. En perfectionnant votre pratique avec cet instrument, vous serez en mesure de recevoir les conseils les plus précis et la clarté nécessaire pour que votre vie progresse au mieux. Il y a beaucoup à apprendre et il n'est pas évident de savoir par où commencer.

Voici quelques points-clés à garder à l'esprit pour commencer votre voyage à la découverte du pendule :

1. Il est impératif d'**utiliser un pendule de manière responsable et éthique**. Il y a parfois des informations que vous n'êtes pas censé connaître à un moment donné, ou qui ne vous concernent tout simplement pas.
2. Votre pratique du pendule est vraiment personnelle. Pour vous en servir de manière éthique, la clé est **le respect de la vie privée d'autrui**. Évitez de poser des questions à propos d'une personne sans qu'elle vous y ait autorisé. Il est hautement préférable que vos questions restent centrées sur vous-même. Si vous cherchez à savoir si quelqu'un souhaite passer du temps en votre compagnie, posez la question en vous rapportant à vous-même, par exemple « Est-ce dans mon intérêt de passer du temps avec Sidney cette semaine ? » plutôt que « Sidney veut-il passer du temps avec moi cette semaine ? ».
3. Il est important d'**être ouvert** quant à la pratique du pendule. Si vous ne croyez pas que cela peut fonctionner pour vous, devinez quoi ? Cela ne fonctionnera pas. Nos croyances créent notre réalité. Les pendules doivent être pris au sérieux et respectés, ce qui nécessite de la pratique, de la patience et d'y croire.
4. Il est essentiel d'**établir une relation étroite** avec votre pendule et de l'entretenir. Un lien solide en améliorera l'efficacité et la façon dont il travaille avec votre énergie. Nous vous donnerons pour cela des conseils au chapitre 5.
5. Ne posez **aucune question à votre pendule si vous êtes sous l'emprise de fortes émotions** à propos de ce qui pourrait découler de votre question, ce qui risque d'être à l'origine d'un biais ayant pour résultat une réponse inexacte de votre pendule. Nous vous recommandons dans ce cas d'interrompre pour le moment votre travail ensemble et de le reprendre lorsque vous vous sentirez moins investi émotionnellement dans le sujet.

6. Les pendules doivent être invariablement utilisés afin de **contribuer au plus grand bien de tous et à votre plus grand bien**, et jamais en entretenant des intentions malveillantes ou négatives. Cela ne vous servirait en rien, pas plus qu'à quiconque.
7. Le pendule n'est pas un outil religieux, mais **énergétique**. Tout le monde peut apprendre à s'en servir, indépendamment de tout système de croyance. L'essentiel est de mettre de côté vos doutes et de vous engager dans cette pratique avec curiosité, en vous concentrant sur les meilleurs résultats pour tous.

Si vous êtes appelé à aller au-delà de votre inconscient pour être guidé, servez-vous également de votre pendule pour entrer en relation avec votre moi supérieur, l'aspect omniscient de votre personne qui est connecté à l'intelligence universelle – souvent désignée par Dieu, la Source, le Divin, ou tout autre terme qui vous inspire. Votre moi supérieur a les réponses que vous cherchez et vous les communiquera lorsque vous lui demanderez de vous guider et de la confiance. Considérez-le comme une extension optimale de vos capacités intuitives. En entrant en relation avec lui, afin d'obtenir les meilleurs résultats pour vous, ainsi que pour tous, n'hésitez pas à inviter vos guides spirituels, vos anges gardiens et tout autre être divin d'amour et de lumière qui vous apporte son soutien ou qui vous interpelle.

Rien de plus facile : sollicitez-les lorsque vous commencez votre séance avec le pendule, puis demandez s'ils sont en votre compagnie et attendez que leur réponse vous parvienne par l'intermédiaire de celui-ci. Nos êtres d'amour et de lumière se présentent toujours à nous lorsque nous les y convions. Ils se manifesteront également pour vous. Au chapitre 5, nous explorerons ce que sont le moi supérieur, les anges, les guides spirituels et bien plus encore.

Un autre avantage incroyable du pendule est qu'il peut servir à amplifier et à transmettre l'énergie à un niveau vibratoire, considérablement au-delà de votre propre champ énergétique. Grâce à lui, vous pourrez transmettre des pensées et de l'énergie positives à des personnes ayant besoin de guérison, ou envoyer de bonnes ondes afin que l'amour et la paix s'étendent, et en cela, à tout moment et en tout lieu. C'est facile à faire et le monde ne s'en portera que mieux ! Nous avons personnellement constaté l'impact de cela lorsque nous avons organisé en mars 2022 l'événement « Paix, prières et pendules pour l'Ukraine ».

HISTOIRE : PAIX, PRIÈRES ET PENDULES

Nous nous sentons impuissantes face aux conflits survenant dans le monde entier. L'éclatement de la guerre en Ukraine nous a incitées à organiser un événement visant à transmettre à travers l'Univers les prières, la paix et l'amour à l'aide de pendules. Il y a aussi eu des poèmes, des chansons, des incantations, ainsi qu'un magnifique concert de harpes. Les paroles de chacun étaient pleines d'espoir, d'inspiration et de guérison – tout ce que nous avions imaginé lorsque nous avions planifié cette cérémonie, que nous avons conclue en formant un cercle autour d'un mât de la paix. Ensemble, nous avons laissé nos pendules se balancer pour étendre notre énergie collective et transmettre dans le monde des ondes positives pour favoriser la guérison. Ensemble, nous avons scandé : « Que la paix, la bonté, la compassion, la communauté, l'action, l'amour, la liberté, la santé, la force existent. Que la paix soit. » C'était vraiment magique !

Exercice

TRANSMETTEZ DES ONDES POSITIVES

La bonne nouvelle, c'est qu'il n'est pas nécessaire d'être un praticien accompli du pendule pour procéder à cet exercice. En fait, vous n'avez pas besoin de savoir comment vous en servir pour transmettre des ondes positives. Si vous avez déjà un pendule, c'est parfait. Mettons-le à profit. Si ce n'est pas le cas, munissez-vous d'un pendentif ou d'un petit objet suspendu à une ficelle.

1. Commencez par vous fixer l'intention de transmettre des pensées positives ou l'énergie de l'amour et de la guérison, ou simplement de partager l'amour, la paix et le bonheur dans l'Univers.

2. Tenez votre pendule par le bout de la chaînette ou de la ficelle et demandez-lui de vous montrer le mouvement pour transmettre dans le monde de l'énergie positive et la guérison, aux autres, à une personne en particulier, ou à tout ce que vous voulez, là où vous souhaitez produire un impact. Le pendule vous l'indiquera.
3. Continuez à tenir votre pendule et visualisez la personne à qui vous aimeriez transmettre de l'énergie positive ou la guérison.
4. Laissez votre pendule se mettre en mouvement. Il commencera à se balancer dans la direction signalant l'énergie positive.
5. Continuez à visualiser l'énergie positive et ressentez dans votre cœur la joie et les vibrations qui en découlent. Imaginez que votre lumière se propage de l'intérieur de votre corps vers l'extérieur, se diffusant aussi loin et aussi vastement que vous le souhaitez.
6. Laissez le pendule continuer à bouger aussi longtemps que nécessaire. Il se stabilisera et s'arrêtera de lui-même.
7. L'exercice est terminé.

Vous pourriez ressentir des picotements ou une certaine légèreté autour de vous. Quel que soit votre ressenti, sachez que vous avez accompli un travail extraordinaire et d'une portée considérable !

Chapitre 3
COMMENT CHOISIR VOTRE PENDULE ?

Si les pendules ou l'un d'eux en particulier vous attirent, votre cœur vous indique que vous êtes à un moment de votre vie où vous êtes vraiment prêt pour le voyage menant à vos plus merveilleux accomplissements. Si vous ne fabriquez pas le vôtre, nous allons vous donner quelques conseils pour trouver celui qui vous conviendra parfaitement.

Que vous l'achetiez en boutique ou en ligne, la plupart du temps, vous finirez par choisir le premier qui vous aura attiré. Dans d'autres cas, il faudra y procéder par tâtonnements en en essayant plusieurs. De nombreux clients nous ont dit que leur pendule leur avait « sauté aux yeux ». Nous avons appris que, le plus souvent, c'est votre pendule qui vous choisit et non l'inverse.

Un pendule peut être orné ou simplement un bout de métal attaché à une ficelle. En choisir un s'apparente à choisir un cristal ou tout ce qui vous attire. L'aspect le plus important lors de ce choix est d'éprouver une forte connexion avec lui. Vous devez l'aimer, car vous allez l'utiliser et vous lier à lui souvent.

Les détails dont tenir compte en choisissant un pendule sont : le matériau, le poids et la forme que vous préférez. Vous pouvez également le choisir en fonction de l'usage que vous en ferez. Un autre aspect à prendre en compte est la longueur de la chaînette, qui peut également varier.

Il est tout à fait possible de réserver un pendule pour un certain objectif. Nous connaissons beaucoup de gens qui en possèdent plusieurs – nous y compris. Vous pourriez en avoir un que vous partagerez avec des amis, un pour le travail énergétique, un autre pour le domaine professionnel et un qui vous est exclusivement réservé. Ce qui est crucial, c'est votre relation avec votre pendule, alors fiez-vous à votre intuition !

Les cristaux

Les pendules sont souvent fabriqués avec des cristaux et des pierres précieuses, qui ont une vibration élevée et des propriétés favorisant la guérison et l'épanouissement. De plus, ils se démarquent par leur beauté et leur aspect mystique. Ces pendules se présentent sous diverses formes et tailles. La plupart de ceux avec lesquels nous travaillons sont hexagonaux, c'est-à-dire à six facettes, une forme symbolisant l'harmonie et l'ordre naturel, souvent observée dans la nature, comme dans les flocons de neige et les alvéoles des nids d'abeilles. Créer des associations ciblées de cristaux et de pierres précieuses en fabriquant un pendule améliore l'expérience qui en découle et ouvre encore plus la voie à la connaissance intérieure. Il est amusant de mélanger et d'assortir des cristaux, qui possèdent individuellement diverses vibrations et énergies propices à la guérison. Par exemple, si vous souhaitez vous concentrer sur votre santé, choisissez un cristal de quartz transparent, considéré comme un maître guérisseur qui amplifie toutes les autres propriétés favorisant le rétablissement. Ou si vous souhaitez attirer l'énergie de la liberté financière, essayez une amazonite pour que le succès et l'abondance viennent à vous.

Les métaux

Les pendules sont également fabriqués en métal, dont ceux couramment utilisés : l'argent, l'or, le cuivre, le laiton et l'acier. Ces matériaux, étant particulièrement résistants, sont parfois préférés pour une diversité de pratiques contribuant à la guérison. Cela s'explique par le fait que les cristaux et les pierres précieuses absorbent l'énergie – la vôtre ainsi que celle des personnes qui vous entourent –, ce qui n'est pas le cas des pendules en métal ou en bois. Les métaux agissent comme des conducteurs naturels de l'énergie venant de votre champ magnétique et de celui de la Terre. Ces pendules un peu plus lourds oscillent fortement, ce qui facilite la lecture des réponses. Ils ont souvent la forme d'une goutte inversée se terminant en pointe, et sont parfois dotés d'une chambre, un petit compartiment qu'il est possible d'ouvrir et de refermer, où inclure divers objets pour établir une relation particulière avec le pendule et travailler sur un objectif spécifique. Les métaux, plus résistants que les cristaux, ne s'abîment pas de ce fait aussi facilement. Néanmoins, nous vous recommandons de prendre bien soin des pendules en métal comme de ceux composés de cristaux ou de pierres précieuses.

Le bois

Les pendules en bois, légers et neutres, sont un excellent choix pour les praticiens qui les utilisent sur autrui. Le bois représente une autre énergie naturelle moins influencée par le champ magnétique et les ondes indésirables. Si vous faites des lectures individuelles à des clients ou à des amis, choisissez si vous voulez un pendule en métal ou en bois pour éviter les interférences énergétiques.

Le poids et la forme

Le poids du pendule avec lequel travailler est de l'ordre de la préférence personnelle. Comme nous l'avons mentionné, les métaux sont plus lourds ; cependant, cela dépend par ailleurs de la taille du pendule, ainsi que des autres matériaux qui le constituent. Les formes les plus courantes sont la goutte, le Mermet avec chambre, l'hexagonal, la merkaba et le séphoroton.

Arrondi avec une pointe fine à l'extrémité, un pendule fait penser à une goutte inversée, symbolisant l'élément Eau, l'une des formes les plus courantes se rapportant souvent à ce que l'on appelle le « pendule du débutant », étant simple d'utilisation et donc parfait pour l'initiation. Ce type de pendule tend à avoir une oscillation régulière puisque la goutte se rétrécit en pointe à l'extrémité, tandis que la partie volumineuse est suspendue à la chaînette.

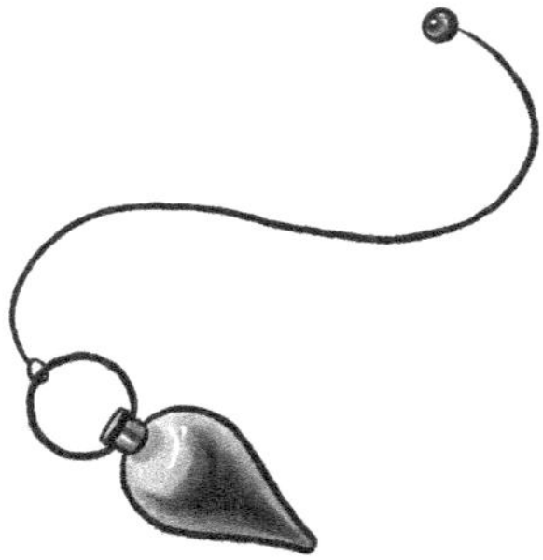

Le pendule goutte d'eau

Un pendule avec chambre, que l'on désigne également comme le pendule de Mermet – du nom de l'abbé Alexis Mermet, qui l'inventa dans les années 1930 –, comprend un minuscule compartiment où placer certaines choses dans des objectifs plus spécifiques, telles que des herbes, des huiles essentielles, de minuscules cristaux ou quelques cheveux appartenant à son utilisateur. Nous recommandons souvent d'écrire votre intention sur un petit bout de papier à glisser dans cette chambre. Vous pourrez ainsi amplifier la manifestation de votre intention grâce à l'énergie du pendule.

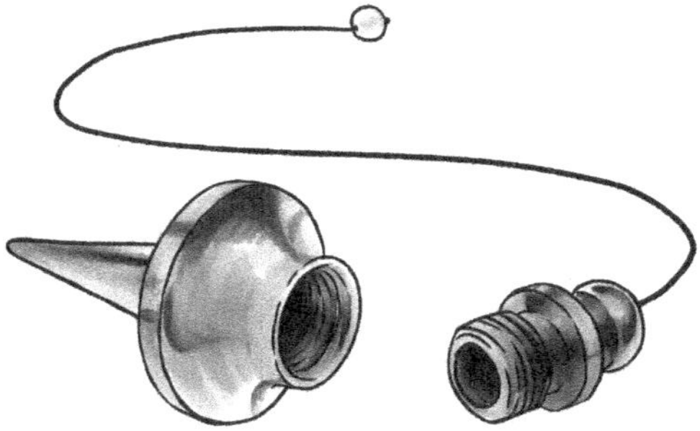

Le pendule avec chambre

Un pendule hexagonal est souvent fabriqué avec des cristaux à six facettes se terminant en pointe. L'hexagone symbolise l'équilibre, l'harmonie et la relation. Cette forme très répandue dans la nature y est des plus efficaces, demandant le moins de matière possible pour supporter le plus de poids, ce qui la rend idéale pour toute pratique du pendule.

Le pendule hexagonal

Le pendule en forme de merkaba a une signification et un objectif particuliers. La merkaba est une forme sacrée issue du mysticisme juif, censée posséder de puissantes propriétés spirituelles susceptibles de faire accéder à un état de conscience supérieur. Ce symbole est créé par l'association de deux tétraèdres, l'un pointant vers le ciel, canalisant l'énergie de l'Univers vers la Terre, et l'autre pointant vers le bas, attirant l'énergie de la Terre vers le ciel. *Mer* signifie « lumière », *Ka* signifie « esprit » et *Ba* signifie « corps »[1].

Le pendule merkaba

Le pendule séphoroton se compose généralement d'une sphère en cristal ou en pierre précieuse et d'une pointe en métal. Cette forme parfaitement équilibrée lui a valu la réputation d'être extrêmement fiable. Irradiant d'énergie de tous côtés, ce pendule est très sensible aux vibrations et convient parfaitement aux praticiens débutants comme expérimentés.

Le pendule séphoroton

La longueur de la chaînette

Certains pendules sont plus longs que d'autres et, une fois encore, il s'agit d'une question de préférence personnelle. Diverses écoles de pensée stipulent la longueur que devrait faire un pendule. En règle générale, la chaînette fait entre 15 cm et 20 cm de longueur. Pour certains, le fait qu'elle soit plus courte la rend plus facile pour travailler, et pour d'autres, c'est le contraire. Voyez comment la chaînette se comporte par rapport au pendule lorsque vous en choisissez un. Comment vous semble-t-il osciller ? Est-ce agréable pour vous de la tenir ? Il n'y a pas de bon ou de mauvais choix.

Idées de base pour fabriquer un pendule

Que vous choisissiez d'acheter un pendule ou de le fabriquer, ce qui importe vraiment, c'est que vous ayez décidé de travailler avec cet instrument. Comme nous l'avons dit, tout ce qui est suspendu à une ficelle peut faire office de pendule, et les modèles vont du plus simple au plus sophistiqué, en passant par le plus esthétique. Si vous décidez de fabriquer le vôtre, vous aurez essentiellement besoin de votre imagination et serez ainsi sur la bonne voie.

Voici quelques idées pour vous lancer :

- Utilisez tout pendentif en votre possession.
- Attachez un trombone au bout d'une ficelle.
- Attachez votre bague préférée à une chaînette ou à un lacet de cuir. Vous pourriez utiliser un objet hérité de la famille ou ayant pour vous une valeur sentimentale. Ce faisant, cela permettra de renforcer le lien qui vous unit à l'objet en question.
- Enfilez une ficelle ou une chaînette dans la tête d'une vieille clé.
- Utilisez une montre à gousset avec une chaînette.
- Prêtez attention à ce qui se trouve dans votre boîte à bijoux et que vous pourriez reconvertir en pendule.
- Vous pourrez également fabriquer un pendule à partir de nombreux petits objets ménagers en tout matériau, comme en bois, métal ou pierre. Amusez-vous et expérimentez, et le pendule qui vous conviendra se matérialisera.

Conseils pour procéder à l'achat d'un pendule

Si vous envisagez d'acheter votre pendule, nous avons tant de conseils à vous donner ! Que ce soit dans une boutique ésotérique ou dans une foire artisanale, nous vous recommandons de faire de cette acquisition une expérience interactive.

Lorsqu'un pendule attire votre attention, voici quelques points dont tenir compte :

- Tenez le pendule au creux de vos mains et remarquez ce que vous ressentez. Est-ce agréable ? Ressentez-vous des picotements ? Votre température corporelle change-t-elle ? À quel endroit de votre corps percevez-vous ce ressenti ? Soyez réceptif à ce que vous communiquent votre intuition et vos sensations physiques.

- Tenez-le au creux de votre main dominante et remarquez s'il y bouge. Auquel cas, c'est un bon signe, vous êtes en train d'entrer en relation avec ce pendule.
- S'il reste complètement immobile, ce n'est sans doute pas celui qu'il vous faut pour le moment. Cela ne signifie pas que ce pendule en particulier ne fonctionnera jamais pour vous, mais il est possible qu'il y en ait un autre qui vous conviendra mieux.
- Il est tout à fait acceptable d'essayer plusieurs pendules. En fait, nous vous le recommandons : essayez-en autant que vous le souhaitez. Certains de nos clients ont essayé près de trente pendules en une seule séance !
- Lorsque vous choisissez un pendule, pour déterminer avec certitude si c'est le bon pour vous, le meilleur moyen est de le lui demander, tout simplement. Après l'avoir calibré et établi quels sont ses mouvements correspondant à « oui » ou « non » (ce qui est expliqué au chapitre 4), posez cette question : « Le pendule que je tiens actuellement est-il celui qui me convient ? » Vous obtiendrez clairement un « oui » ou un « non ». Si vous avez à faire votre choix entre deux ou trois pendules, tenez chacun d'eux et demandez : « Le pendule que je tiens est-il celui qui me convient le mieux en ce moment ? »
- Lorsque vous envisagez d'acheter un pendule constitué de cristaux, connaître leurs propriétés guérisseuses vous aidera par ailleurs à faire votre choix. Si vous essayez de manifester quelque chose en particulier dans votre vie, recherchez un cristal dont les attributs seront à même de vous y aider.
- Si vous pensez avoir trouvé votre pendule, remarquez ce que vous ressentez. Vous sentez-vous calme, paisible, joyeux, heureux ou plein d'enthousiasme ? Votre main vous picote-t-elle lorsque vous le tenez ?
- Si vous n'avez pas acheté un certain pendule mais continuez à y penser, c'est probablement celui qu'il vous faut. Il vous appelle parce que vous avez établi une connexion magique avec lui. Fiez-vous à votre intuition et allez vite vous le procurer.

Nous avons vu cela se produire lors de tant d'occasions avec nos clients. Ils partent et reviennent acheter le pendule parfait parce qu'il les a interpellés.

- Il est également possible d'en choisir un comme cadeau. Calibrez le pendule qui vous intéresse afin de déterminer sa réponse « oui » et « non », et demandez-lui si c'est le bon pour la personne à qui vous envisagez de l'offrir. Votre intuition vous guidera dans cette démarche. Et ayez toute confiance que le bon pendule trouvera son ou sa propriétaire légitime. Il y parvient toujours, d'une manière ou d'une autre.
- L'achat d'un pendule en ligne s'apparente à en faire l'acquisition en personne, sans la possibilité de toucher et de sentir les cristaux. Contemplez celui qui vous attire et fiez-vous à votre intuition.

Une chose que nous avons apprise quant au choix d'un pendule, c'est que si vous êtes censé en avoir un en particulier, vous le trouverez. Nous avons entendu tant de témoignages de nos clients sur la façon dont ils ont trouvé leur pendule comme s'il s'était agi d'une synchronicité. Faites confiance au processus et croyez-y !

L'un de nos exemples préférés s'est produit très tôt dans notre voyage à la découverte du pendule, que nous venions à peine de commencer. Nous allions présenter nos créations en la matière au propriétaire d'une boutique ésotérique du coin. Alors que nous les montrions et discutions avec le personnel, une cliente qui se trouvait là n'a pu s'empêcher de remarquer un pendule avec une étoile scintillante qui l'a immédiatement attirée. À ce moment-là, il n'était pas à vendre. Nous avons poursuivi notre réunion et décidé d'organiser pendant les vacances une exposition-vente éphémère à la boutique. Nous étions très enthousiastes, car c'était l'une de nos premières opportunités pour faire découvrir nos pendules ! Environ trois semaines plus tard, nous étions de nouveau à la boutique pour préparer cette exposition-vente. Eh bien, comme par hasard, la même cliente était présente et nous avions à disposition le pendule étoilé scintillant qui l'avait séduite quelques semaines plus tôt. Elle a fini par l'acheter. Ce pendule lui était clairement destiné et a trouvé son chemin jusqu'à elle.

Un autre événement que nous n'oublierons jamais s'est produit à Austin, dans le Minnesota. Une femme attirée par un certain pendule n'arrivait pas à décider si elle devait en faire l'acquisition. Nous n'« essayons » pas de vendre nos pendules. Ils se vendent d'eux-mêmes et trouvent les bonnes mains entre lesquelles ils sont censés se retrouver, comme s'il s'agissait d'une synchronicité. Elle est donc repartie sans le pendule, avant de revenir plus tard dans la journée. Elle était ravie que celui qui l'avait attirée soit toujours là et nous a confié qu'elle avait quitté l'événement et parcouru une quarantaine de kilomètres, pour finir par faire demi-tour et revenir le chercher. Elle a dit qu'elle n'arrêtait pas d'y penser !

Choisir un pendule, c'est avant tout s'amuser ce faisant. Au fond, nous vous encourageons à vous fier à votre intuition. N'oubliez pas, il n'y a pas de bon ou de mauvais choix, alors fiez-vous à votre instinct. Suivez les conseils dans les pages précédentes et faites-vous confiance. Après avoir mis en contact des milliers de personnes avec le pendule qui leur convient le mieux, nous croyons fermement que le bon trouve son ou sa propriétaire légitime. Que vous choisissiez le vôtre, qu'il vous choisisse ou qu'on vous en fasse cadeau, l'important est la relation centrée sur le cœur que vous établirez avec lui.

L'HISTOIRE DE SUZIE

J'ai rencontré Lana et Karina lorsqu'elles sont entrées avec enthousiasme, et peut-être avec un peu d'appréhension, dans ma galerie d'art à Minneapolis. Elles m'ont gentiment demandé si j'avais le temps de regarder leur ligne de bijoux pendulaires fabriqués artisanalement. J'ai d'abord pensé qu'elles étaient de nouvelles artistes qui cherchaient où vendre quelques pièces, rien de plus. Cependant, au bout de quelques minutes, j'ai été attirée par leur énergie. Il y avait quelque chose chez Lana et Karina qui m'a immédiatement séduite. De bonnes vibrations. Elles m'ont demandé si je connaissais les pendules. J'ai bien sûr répondu par l'affirmative. En vérité, l'étendue de mes connaissances en la matière remonte à mon adolescence, lorsqu'avec quelques amies, nous nous réunissions pour le « test de la ficelle », au bout de laquelle nous attachions une pièce de monnaie, une rondelle métallique ou quelque chose de ce genre. Nous posions ensuite une série de questions qui nous semblaient importantes, telles que « Johnny Miller m'aime-t-il ? ». La ficelle se balançait d'un côté pour « oui » et d'un autre pour « non ». Cela semblait être un bon moyen de trouver la réponse aux questions qui nous importaient et pour prendre des décisions.

Au fil des ans, j'ai étudié et exploré diverses pratiques énergétiques, et j'ai donc été intriguée par le fait que Lana et Karina soient venues me faire part de leurs connaissances. Nous avons joué avec quelques pendules, et je pensais avoir trouvé celui que j'aimerais m'offrir. En expérimentant davantage et en posant des questions, j'ai compris qu'il fallait que je laisse de côté ma tête, que j'ouvre mon cœur et que je laisse le pendule me choisir. Grâce aux conseils de Lana et de Karina, j'ai appris à l'utiliser comme un instrument favorisant l'équilibre et la conscience spirituelle et à m'en remettre au Divin. Nous sommes tous constitués d'énergie, et si nous nous permettons de nous y ouvrir et de la transférer à la vibration du pendule, nous serons guidés pour trouver le Divin en nous.

Sans la moindre hésitation, j'ai décidé de présenter leurs magnifiques créations à la galerie, d'organiser des événements autour de ce thème, de soutenir leur mission et de devenir leur amie. Nous rions maintenant de la façon dont nous avons été ainsi divinement réunies. Lorsque j'ai demandé si je voulais collaborer avec HeartCentric, mon pendule a répondu par un « oui » franc et massif !

Pendules avec des cristaux et des pierres précieuses favorisant la guérison

La plupart des pendules avec lesquels nous travaillons étant constitués de cristaux et de pierres précieuses à haute vibration énergétique, nous allons vous informer un peu plus sur leurs propriétés guérisseuses qui pourront vous aider dans votre vie quotidienne. Le pouvoir des pendules composés de cristaux est amplifié. Ces pierres sont aussi vieilles que la Terre même et, depuis des siècles, elles ont été vivement appréciées pour leur beauté et comme symboles de pouvoir. Dans de nombreuses civilisations anciennes, leur signification sacrée et leurs propriétés guérisseuses étaient tout aussi importantes que leur capacité d'éblouissement.

Les cristaux captent les vibrations de la lumière. En absorbant et en alchimisant l'énergie, notre corps absorbe également leurs fréquences électromagnétiques. On peut considérer que les cristaux parlent à nos cellules, ce qui explique qu'ils nous aident si souvent à nous sentir mieux. Lorsque vous tenez un cristal, vous tenez un fragment d'histoire. Aujourd'hui, ils sont utilisés pour leurs bienfaits en lithothérapie, mais aussi pour les outils modernes et l'électronique tels que les lasers, les imprimantes à jet d'encre, les montres à quartz, les microphones, les sonars et les implants médicaux[2].

« Les pierres précieuses et les cristaux [...] absorbent, stockent, reflètent et irradient la lumière sous la forme de champs intelligents d'énergie stable qui augmentent le flux de la force vitale dans le corps physique et le corps subtil de l'homme », écrit Hazel Raven, guérisseuse énergéticienne[3]. Divers cristaux sont censés agir comme des vecteurs de guérison, permettant à l'énergie positive de circuler dans le corps tandis que l'énergie négative s'en retire. L'Oriental Healing Oasis & Wellness Center (un centre proposant des approches orientales de la guérison, un havre de paix et de bien-être) décrit la philosophie de la lithothérapie moderne comme suit : « Basée sur des concepts traditionnels empruntés aux cultures asiatiques, plus particulièrement au concept chinois de l'énergie vitale (*chi* ou *qi*) et au concept hindou ou bouddhiste des chakras, qui sont des tourbillons d'énergie vitale reliant les éléments physiques et surnaturels du corps[4]. » (Ce sujet sera traité en détail au chapitre 6.) Les cristaux ont une intense vibration qui élève la conscience et ouvre l'esprit à d'autres mondes. Ils contribuent à façonner les êtres humains de la Nouvelle Terre et à accélérer l'évolution sur notre planète. Voici quelques-uns de nos préférés pour travailler avec nos pendules.

Améthyste

Ce puissant cristal, apaisant, favorise la manifestation de toute une diversité d'intentions. Il contribue à apaiser votre esprit, ce qui vous permettra d'avancer dans la vie à partir d'un état d'être supérieur. Il peut vous aider à approfondir votre relation avec vous-même et à renforcer vos capacités intuitives. En plus de favoriser votre intuition, l'améthyste peut vous permettre de parvenir à la paix et à l'équilibre intérieurs et de vous détendre lorsque vous en avez le plus besoin, par exemple avant de vous coucher, lors d'une situation stressante ou pendant la méditation.

Aventurine

Cette pierre, notamment verte, est apaisante et contribue au bien-être général. Elle favorise l'empathie et la compassion tout en aidant à prendre des décisions. Nous aimons travailler avec l'aventurine verte, qui est potentiellement utile pour prendre des mesures en fonction des conseils reçus de notre intuition pendant une séance avec le pendule. Cette pierre est également connue pour réunir les émotions et l'intellect, créant un parcours plus propice à notre cheminement et dissolvant toute dissonance cognitive dont nous pourrions faire l'expérience. La prospérité, la positivité et la persévérance sont également aussi précieuses qu'importantes, ce que l'aventurine verte contribue à favoriser. Lorsque vous travaillez avec cette pierre, gardez le cœur ouvert et soyez attentif aux cadeaux à venir.

Citrine

Elle apporte l'énergie du soleil, illuminant votre vie sous chaque aspect. En gardant cette pierre près de vous, cela contribuera à ce que vous conserviez une énergie légère et radieuse. En étant plein d'énergie positive, il est plus facile d'être réceptif à votre lumière intérieure, ainsi que d'accueillir dans tous les domaines de votre vie la joie, le bonheur et l'optimisme. La citrine vous aide à accroître votre pouvoir personnel et votre confiance en vous, ainsi qu'à dissoudre toute stagnation, ce qui se traduit par des niveaux d'énergie plus élevés. Elle est idéale pour toute une diversité d'intentions, y compris le bonheur, la confiance, la manifestation, la prospérité, la générosité et la créativité.

Fluorite

Ce cristal se présente dans une diversité de couleurs : bleu, vert, violet, jaune, marron, entre autres. Souvent multicolore, on le désigne par le nom de fluorite arc-en-ciel. Purifiante et nettoyante, la fluorite éloigne toute énergie négative, et peut vous aider à surmonter le chaos survenant au quotidien et à apporter structure et organisation à votre vie. Extrêmement utile pour prendre des décisions, elle contribue à ce que vous restiez bien ancré dans la vérité et la lucidité. Lorsque votre travail avec le pendule vous guide vers votre vérité, la fluorite vous aidera à prendre les mesures appropriées.

Hématite

Connue pour favoriser la concentration, la confiance, l'optimisme, l'équilibre et la protection énergétique, l'hématite, permettant de s'ancrer, renforce la volonté et la fiabilité, et est également très utile pour améliorer la mémoire et la concentration. De ce fait, une pierre merveilleuse pour les étudiants de tous âges, qu'elle aide à développer leur confiance en vue d'accomplissements. Elle met également en évidence les occasions manquées et les désirs insatisfaits.

Jaspe

Cette pierre magnifique qui se présente dans toute une diversité de variétés et de couleurs est connue pour contribuer à aligner votre corps sur le plan mental, physique et émotionnel. Le jaspe, comme l'aventurine, vous donnera potentiellement le courage de passer à l'action en fonction de vos décisions, et est également bénéfique pour lâcher prise de ce qui vous retient dans le passé. Il vous guidera pour vous regarder honnêtement et vous ouvrir à la guérison de ce que vous avez peut-être négligé. Il contribue à donner vie à vos visions en stimulant votre créativité et votre imagination.

Labradorite

Cette pierre très protectrice prémunit contre la négativité du monde et celle que nous entretenons en nous-mêmes. Elle aide à creuser au plus profond de soi afin de faire émerger les émotions et souvenirs refoulés. La labradorite stimule nos dons spirituels et nos facultés extrasensorielles, tout en nous aidant à élever notre conscience. De surcroît, elle est utile pour briser les schémas malsains tels que les addictions, car en cas d'épreuves, elle attire la force et la résilience.

Lapis-lazuli

Cette pierre affûte l'intuition, la sagesse et le développement spirituel, et favorise la communication claire lors de l'échange d'informations, ainsi que l'apprentissage car elle contribue à améliorer la mémoire et l'assimilation des données. En le portant sur vous, le lapis-lazuli vous aidera à évacuer le stress et vous apportera un sentiment de paix intérieure. Il peut également accroître votre créativité et votre lucidité.

Obsidienne

Cette pierre se présente dans toute une diversité de couleurs : noir, bleu, marron, vert et tant d'autres. Notre préférée est l'obsidienne noire, très protectrice, une roche d'origine éruptive. Elle dissipe la négativité et offre son soutien lors d'un changement. Elle permet de se débarrasser de fausses croyances et de faire émerger la vérité. Elle favorise fortement l'ancrage et nous apprend à recourir à notre pouvoir pour contribuer au plus grand bien de tous.

Œil-de-tigre

Cette pierre très pratique est utile pour discerner ce que nous voulons de ce qui nous est nécessaire, ainsi que nos besoins personnels de ceux des autres. L'œil-de-tigre encourage à chercher des réponses en soi, plutôt qu'en dehors, ce qui en fait un puissant composant pour les pendules.

Il incite également à prendre des mesures pratiques sur la base des conseils reçus lors de la séance avec le pendule.

Pyrite

Cette pierre exceptionnelle avec laquelle travailler pour manifester l'abondance, la confiance et la protection, est connue sous le nom d'« or des fous », sa couleur et son éclat ayant incité certains à la confondre avec ce métal précieux. Son nom vient à l'origine du mot grec signifiant « feu », et elle produit des étincelles lorsqu'on la cogne. La pyrite, protectrice, aide même à prendre des décisions professionnelles mûrement réfléchies. C'est également une excellente pierre de manifestation. Nous vous recommandons d'énoncer à haute voix ce que vous souhaitez manifester. En vous entendant ainsi exprimer ce que vous voulez, cela permet de vous rendre compte que c'est tout à fait faisable.

Quartz

Il en existe de nombreux types, le quartz transparent étant celui avec lequel nous travaillons le plus souvent. Ce cristal à haute vibration permet de purifier l'esprit, le corps et l'âme, et de s'aligner sur la voie de notre plus haut potentiel. C'est par ailleurs un puissant amplificateur grâce à sa structure cristalline en spirale hélicoïdale. Nous aimons ce cristal parce qu'il nous aide à manifester nos intentions, aussi diversifiées soient-elles, telles que l'abondance, apporter la paix et le calme ou dissiper l'énergie stagnante. Le quartz est également merveilleux au bureau pour favoriser la concentration et la mémoire, et peut apaiser un esprit hyperactif.

Quartz rose

Surtout connu pour attirer l'amour et tout partenaire au-delà de fins sentimentales, c'est le cristal idéal pour les relations car il est également fortement lié à la compassion et à l'amour inconditionnel. Il peut aider à renforcer la gentillesse envers soi-même, ses proches et tous les êtres vivants. C'est aussi un excellent moyen d'attirer une nouvelle relation ou de renforcer un partenariat existant. Le quartz rose aide à ouvrir le cœur et à restaurer la confiance. Si vous retenez en vous de la négativité issue du passé, il vous permettra potentiellement de remplacer ces sentiments par des pensées d'amour inconditionnel et d'accepter ce qui s'est passé afin de le transformer en vibrations supérieures.

Parce que les cristaux sont en eux-mêmes des êtres puissants, il est essentiel de leur témoigner votre respect. Ils absorbent et transmettent efficacement l'énergie ; de ce fait, il vous faudra les purifier et les recharger régulièrement pour qu'ils continuent à produire leurs effets efficacement. L'échange d'énergie est vital entre vous et vos cristaux, alors respectez-les, et ils vous montreront comment ils peuvent vous être utiles pour améliorer votre vie et votre bien-être général.

Voici l'histoire d'une cliente devenue notre amie qui a trouvé non pas un, mais deux pendules pour l'accompagner dans son voyage.

L'HISTOIRE D'ASHLEY

J'ai rencontré Lana et Karina lors d'un événement organisé par The Edge Magazine *et j'ai été immédiatement attirée par un pendule, Mystic Crystal (« Cristal mystique »), qu'elles y présentaient.*

Après avoir reçu des instructions sur la façon de l'utiliser, j'ai été tout de suite en mesure d'identifier ses oscillations indiquant « oui » ou « non » et me suis lancée sans hésiter en commençant à lui poser mentalement des questions. Le pendule oscillait selon ce que je lui demandais, et ses réponses me semblaient tout à fait pertinentes.

Quelques mois plus tard, j'ai eu une conversation avec Lana et Karina où nous avons évoqué l'idée de travailler ensemble et j'ai été attirée par un autre pendule, Sanctuary Shell (« Coquillage sanctuaire »), qu'elles avaient apporté. J'ai su dès que je l'ai vu que je devais me le procurer – absolument magnifique, il est composé d'un cristal d'opalite et d'une pierre de lune, deux de mes préférés. Je l'utilise chaque fois que je me sens anxieuse ou que je veux savoir si je suis sur la bonne voie en ce qui concerne ma carrière, ma famille ou d'autres aspects de ma vie. Jusqu'à présent, il ne m'a jamais orientée dans la mauvaise direction. Je suis vraiment reconnaissante d'avoir rencontré ces femmes merveilleuses grâce à qui j'ai découvert le pouvoir du pendule ! Non seulement dans ma vie personnelle, mais aussi dans ma vie professionnelle et au-delà. J'ai aussi partagé ces connaissances avec des amis qui s'y intéressaient !

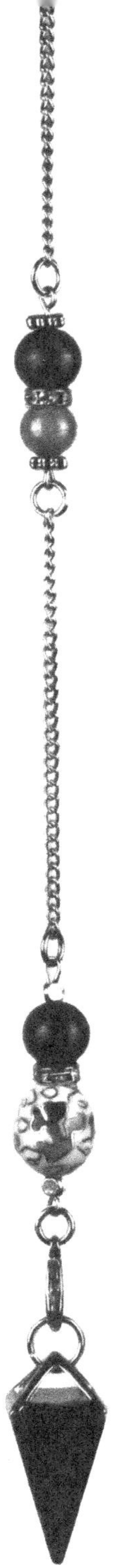

Chapitre 4
COMMENT PRENDRE SOIN DE VOTRE PENDULE ET VOUS EN SERVIR ?

Vous avez donc trouvé le pendule qui vous convient à merveille. Que vous l'ayez acheté, qu'on vous l'ait offert ou que vous l'ayez fabriqué vous-même, ce remarquable instrument s'est retrouvé entre de bonnes mains – les vôtres ! Vous vous êtes peut-être lié immédiatement à lui, ou avez été attiré vers lui pour une raison que vous n'avez pas encore élucidée. C'est ce que nous appelons la « guidance divine ».

Votre pendule est un instrument personnel. De ce fait, l'une des clés pour bien travailler avec consiste à **renforcer votre relation avec lui**. Par exemple, portez-le sur vous quelques jours afin qu'il puisse se connecter encore plus à votre énergie, ou dormez en l'ayant mis sous votre oreiller. Quoi que vous décidiez, gardez-le ainsi près de vous quelques jours. Au fil du temps, vous renforcerez le lien qui vous unit alors qu'il travaille avec votre énergie.

Comme nous sommes toutes les deux obnubilées par les pendules, nous voulons vraiment y avoir facilement accès. Il y en a toujours un dans notre sac à main, sur notre bureau ou notre table de chevet, ainsi que dans notre voiture – au cas où nous aurions une question à lui poser. Mais ne l'utilisez surtout pas au volant, la sécurité avant tout !

Lorsque vous prenez votre pendule pour obtenir les meilleurs résultats pour tous comme pour vous, vous devenez vraiment une force imparable. Notre corps communique avec nous en permanence. Si vous faites une pause pour vous écouter et dialoguer avec vous-même, vous commencerez à développer la relation la plus importante de votre vie : **votre relation avec vous-même**.

Calibrer votre pendule

Que vous ayez rapidement besoin d'une réponse ou que vous vous installiez pour une séance plus longue avec votre pendule, nous vous conseillons de le calibrer chaque fois que vous l'utiliserez. Rien de plus simple. Gardez à l'esprit qu'un pendule vous donnera les réponses « oui », « non », « peut-être » ou « pas maintenant ». Mais tout d'abord, il est nécessaire de déterminer quels sont ses mouvements y correspondant respectivement. La façon dont le pendule bouge vous est propre et variera en fonction de chaque praticien.

Voici comment procéder, étape par étape, pour commencer :

1. Ancrez-vous et déterminez la source d'où vous souhaitez que vous proviennent vos réponses. Si vous n'en précisez pas une en particulier, votre inconscient vous les transmettra. Si vous souhaitez entrer en contact avec le monde spirituel, vous pourriez inviter votre moi supérieur – cette partie de vous qui est connectée à l'intelligence universelle et a accès à des informations au-delà de ce que votre conscience est capable de traiter. En outre, si vous vous sentez inspiré à le faire, vous pourriez solliciter vos guides spirituels, vos anges gardiens, les archanges, les maîtres ascensionnés ou tout autre être d'amour et de lumière avec lequel vous êtes en relation.
2. Cette étape cruciale consiste à définir une intention à chaque séance. Déterminez ce que vous aimeriez clarifier. Exprimez-le à haute voix ou écrivez-le. Laissez tomber toute préconception, restez ouvert aux conseils qui se présentent et ayez confiance dans les réponses que vous recevrez.
3. Tenez votre pendule entre le pouce et l'index de votre main dominante, par l'extrémité opposée à celle en pointe en cristal,

en bois ou en métal. Placez l'autre main dessous pour stabiliser le flux d'énergie. Éloignez-le de votre corps en tendant le bras si possible. Du coude jusqu'au bout des doigts est suffisant. Ainsi, votre champ aurique et votre énergie n'interféreront pas avec les réponses à venir.

4. Demandez à votre pendule de vous montrer le mouvement correspondant à « oui », en disant par exemple à haute voix : « Cher Univers (ou chers anges/guides spirituels/tout être que vous vous sentez inspiré à invoquer), s'il te plaît, montre-moi le mouvement signifiant "oui". » Observez dans quelle direction votre pendule oscille. Il s'agit du mouvement correspondant à « oui » qui vous est **exclusivement personnel**. Notez que vous n'êtes pas obligé de poser votre question à voix haute. Vous pouvez tout aussi bien le faire par la pensée pour que cela fonctionne.
5. Maintenant, faites de même pour découvrir à quoi ressemble le mouvement correspondant à « non » : « Cher Univers, montre-moi le mouvement signifiant "non". » Procédez de même pour déterminer les mouvements correspondant à « peut-être » et à « pas maintenant », indiquant que vous n'êtes pas prêt à recevoir des informations pour le moment.

Une fois que vous aurez clairement établi à quoi correspond chacun de ces mouvements, votre pendule sera calibré et vous serez prêt à travailler ensemble. Affiner vos capacités intuitives peut demander du temps et de la patience. Pour certains praticiens, il est facile de se concentrer et de se connecter immédiatement, tandis que d'autres ont besoin d'un peu plus de pratique. Ne vous inquiétez pas si votre pendule n'oscille pas extrêmement. Cet instrument bouge différemment en fonction de chaque praticien, ce qui signifie que certains sont témoins d'oscillations plutôt flagrantes, tandis que pour d'autres, elles sont plus subtiles. Avec le temps et la pratique, votre pendule sera comme un enfant sur une balançoire !

Et surtout, amusez-vous. Les pendules peuvent vraiment ravir et nourrir votre âme. En cherchant en vous la validation plutôt que des informations auprès de sources extérieures, vous serez toujours guidé sur la bonne voie. Après tout, savoir que c'est vous-même qui trouvez réponse à vos questions est la façon la plus authentique de vivre en pleine possession de votre pouvoir.

Purifier votre pendule et en prendre soin

Les pendules composés de cristaux et de pierres précieuses s'apparentent à des bijoux personnels. Nous vous recommandons d'en prendre soin en tant que tels. Au fur et à mesure que vous nouerez des liens avec le vôtre, il acquerra une valeur sentimentale. Étant donné que vous passerez beaucoup de temps ensemble, en prendre bien soin garantira qu'il fonctionne au mieux en harmonie avec votre énergie. Il est important de le purifier et de le recharger régulièrement, tout comme vous le feriez pour vos cristaux et pierres précieuses, qui, au fil du temps, captent et emmagasinent de l'énergie positive et négative. La plupart du temps, l'énergie retenue dans votre pendule est considérablement bénéfique. La clé consiste à vous fixer des intentions positives pour votre plus grand bien. Cependant, si de la négativité ou de l'énergie ancienne s'est accumulée dans les cristaux, l'efficacité du pendule risque d'en être inhibée.

En de rares occasions, il peut arriver qu'un pendule ne réagisse pas aussi activement qu'on le souhaiterait, voire pas du tout. Plusieurs raisons pourraient l'expliquer, mais ne vous inquiétez pas. L'une d'elles, c'est qu'il vous faudra probablement investir davantage de temps pour vous connecter et vous lier à votre pendule. Il est également possible qu'ayant été manipulé par quelqu'un d'autre, il ait absorbé son énergie. Un peu de purification et de rechargement y remédieront potentiellement.

Même si votre pendule n'est constitué d'aucun cristal, il sera néanmoins préférable d'intensifier votre pratique en prenant soin de lui. Alors, comment procéder ? Plusieurs méthodes vous permettront de garder votre pendule rechargé, sans énergie stagnante. En voici quelques-unes qui ont notre préférence.

La sélénite

Plus que toute autre méthode, nous recourons à la sélénite, une pierre blanche, brute, qui a des propriétés purificatrices propices au nettoyage, ainsi que puissamment guérisseuses, ayant une très haute vibration, ce qui permet d'éliminer les blocages énergétiques et d'élever l'esprit. Placez simplement les cristaux de votre pendule sur une plaque de sélénite ou à côté, de manière qu'ils soient ainsi en contact un certain temps. Nous recommandons d'attendre au moins une ou deux heures, et même toute la nuit pour plus d'efficacité. La sélénite est parfaite pour nettoyer et purifier les pendules constitués de cristaux et de pierres précieuses, mais il sera aussi nécessaire de la soumettre de temps en temps au même traitement. Il est conseillé de le faire lorsque vous l'amenez pour la première fois chez vous, puis à l'occasion, ce qui contribuera à réveiller son potentiel favorisant la guérison. Nous recommandons d'y procéder en la purifiant par la fumée. Évitez d'immerger la sélénite dans l'eau, dans laquelle cette pierre très tendre risque de se désagréger.

La purification par la fumée

Cette pratique ancestrale répandue à travers le monde dans une grande diversité de civilisations et de religions consiste à brûler à des fins sanitaires ou spirituelles des bâtons de plantes aromatiques, des résines, du bois et autres de ce genre. Nous vous recommandons de vous procurer des bâtons constitués de plantes provenant de l'agriculture raisonnée ou écoresponsable. Ceux que nous utilisons de préférence contiennent de la lavande, du cèdre, du romarin, de la menthe, du pin ou de la mélisse, des plantes durables. Brûlez votre bâton de fumigation au-dessus de votre pendule pour le purifier, tout en vous fixant une intention, en prononçant une bénédiction, en disant une prière ou en récitant un mantra.

Avant de prendre la route avec nos pendules, nous leur insufflons l'énergie de l'amour, nous nous fixons l'intention qu'ils trouvent leurs propriétaires légitimes et nous les purifions légèrement par la fumée. Nous leur insufflons toujours les vibrations les plus élevées et de l'énergie positive. Pour nous, cela correspond à un magnifique rituel qui a du sens. Nous vous recommandons vivement de procéder de même avec votre pendule.

Le bain de soleil ou de lune

Laissez votre pendule se recharger quelques heures au soleil. Cela l'énergisera en l'imprégnant de hautes vibrations. Le soleil du matin ou de fin de journée est moins intense que celui au zénith à midi. Veillez à ne pas l'y laisser plus de quelques heures, car cela pourrait décolorer et endommager certains cristaux, tels que l'améthyste ou la fluorite. Contrairement à l'éclat du soleil, le clair de lune est inoffensif pour toutes les pierres. Laissez votre pendule absorber les rayons de l'astre nocturne à l'extérieur ou sur un appui de fenêtre pour une profonde purification et un rechargement efficace. C'est une excellente méthode, surtout en période de pleine lune.

La visualisation d'une lumière purificatrice

Cet excellent moyen pour purifier, rétablir l'équilibre et susciter immédiatement un sentiment de paix et de relaxation dans chaque aspect de votre vie, fonctionne également très bien avec un pendule. Tenez le vôtre au creux de vos mains ou contre votre cœur, ou placez-le devant vous sur une surface plane. Visualisez une magnifique lumière blanche, guérisseuse, qui irradie tout autour de votre pendule en le traversant de part en part et en le purifiant. Restez présent avec votre pendule jusqu'à ce que vous sentiez votre énergie devenir plus claire, plus purifiée.

Méthodes déconseillées pour purifier ou recharger votre pendule

Nous ne recommandons pas d'enfouir votre pendule dans la terre, d'utiliser du sel ou de l'immerger dans l'eau, au risque d'endommager et de corroder les pierres précieuses ou les cristaux, et de provoquer des ébréchures ou d'infimes brisures – bien que ces pratiques puissent très bien fonctionner pour d'autres matériaux.

Recharger votre pendule

Après l'avoir purifié, il sera nécessaire de le recharger afin de réinjecter dans les cristaux de l'énergie positive. Pour ce faire, vous pourrez encore recourir à des bénédictions ou même à votre sens du toucher, ainsi qu'à la visualisation ou à des sons thérapeutiques, venant par exemple de bols chantants.

Nous aimons la courte bénédiction suivante, que nous vous invitons à adapter en fonction de ce qui vous inspire.

> *Je recharge mon pendule avec l'amour et la lumière. Qu'il m'apporte la sagesse, des conseils venant de l'intérieur et la joie que je recherche. Je lui transmets l'énergie la plus positive pour les meilleurs résultats, pour le plus grand bien de tous et mon plus grand bien. Merci, merci, merci.*

En prenant grand soin de votre pendule, vous garantissez une relation durable et saine entre vous et, plus important encore, avec vous-même.

Ranger et emporter votre pendule

Lorsque vous n'utilisez pas votre pendule, la meilleure façon de le ranger chez vous est de le poser sur un fragment de sélénite, comme pour la méthode de purification proposée précédemment.

Votre pendule est le compagnon ultime, vous offrant toujours les meilleurs conseils à tout moment et chaque fois que vous en aurez besoin. N'oubliez pas que c'est votre extraordinaire assistant d'orientation (EAO). C'est pourquoi nous vous recommandons de l'emporter partout avec vous. Assurez-vous de le protéger dans une jolie pochette ou un bel étui. Tout matériau souple fera l'affaire. Quand vous serez en déplacement avec votre pendule, nous vous recommandons par ailleurs, notamment s'il est constitué de matériaux solides, de prévoir un plus petit fragment de sélénite dans sa pochette ou son étui. De cette façon, il sera toujours purifié de toute énergie extérieure indésirable, et il restera chargé et prêt à vous aider si nécessaire. La sélénite est une pierre tendre, et bien que nous n'ayons jamais eu de problèmes de cassure, nous vous conseillons de faire preuve de discernement, surtout si votre pendule est fragile.

Créer un espace sacré où pratiquer avec votre pendule

Trouvez un endroit au calme chez vous où vous ne serez pas dérangé. Idéalement, nous recommandons que cet espace ait une porte que vous pourrez fermer, mais tout lieu qu'il vous sera possible de vous réserver un certain temps sera parfait. Nous vous conseillons de ne pas vous laisser distraire. Vous pourrez vous asseoir sur un coussin ou un oreiller, ou à une table si vous préférez. Évitez si possible d'apporter dans cet espace votre smartphone, votre ordinateur portable ou tout autre appareil, ces gadgets électroniques émettant des fréquences électromagnétiques qui risquent d'interférer pendant que vous travaillez avec votre pendule.

Ajoutez quelques bougies et cristaux dans cet espace sacré. Purifiez-le par la fumée pour en intensifier l'énergie. Disposez-y d'autres objets qui vous inspirent, tels qu'une lampe en sel de l'Himalaya, des brûleurs d'encens ou d'huiles essentielles, des œuvres d'art, des plantes, des carillons éoliens, des livres, des cartes de tarot ou oracle, et tout ce qui procure à votre cœur de la joie, de l'apaisement et de la sérénité.

Si vous aimez les sons, mettez de la musique favorisant la méditation, jouez du bol chantant, des carillons ou recourez à toute autre sonorité qui contribue à vous ancrer. Ayez de l'eau à disposition pour veiller à bien vous hydrater en travaillant avec votre pendule.

Votre espace sacré n'a pas à être nécessairement à l'intérieur. Si vous disposez d'un coin tranquille dans votre jardin où vous connecter à la nature, il sera également judicieux d'y effectuer votre pratique du pendule, et pourquoi pas dans un parc naturel local, sur une plage ou dans tout autre espace en plein air empreint de tranquillité.

Comment obtenir les meilleurs résultats avec votre pendule ?

Une chose que nous avons apprise très tôt au cours de notre cheminement avec le pendule est qu'il est vraiment possible de l'utiliser au quotidien notamment pour puiser dans son intuition. Ce merveilleux compagnon vous permettra de vous orienter dans la vie. Considérez qu'il s'agit de vos yeux et de vos oreilles lorsque vous aurez besoin d'aide pour prendre des décisions. C'est votre extraordinaire assistant d'orientation personnel ! En le mettant à contribution, renoncez à tout attachement au résultat et permettez à la réponse qui servira toutes les personnes concernées de se présenter. Cela implique de se défaire de tout attachement personnel au fait d'« avoir raison », en laissant l'ego de côté.

Lorsque vous commencez votre parcours avec le pendule, nous vous prions de suivre ces conseils de base.

Familiarisez-vous en douceur avec la pratique du pendule

Tout le monde peut apprendre rapidement et facilement comment utiliser cet instrument. Cependant, comme tout ce qu'il est nécessaire de bien maîtriser, affiner ses compétences demande de la pratique. Commencez par petites étapes pour vous donner tout le temps de vous familiariser avec votre pendule. Vous pourriez être impatient de vous informer sans tarder sur de grandes décisions de la vie : « Est-ce dans mon intérêt de changer de carrière en ce moment ? » Nous vous conseillons de **commencer par des questions de moindre importance** impliquant potentiellement moins de conséquences. Prenez le temps de bien connaître votre pendule avant de vous lancer dans des décisions qui changent la vie. Une fois que vous aurez appris à poser les bonnes questions, vous aurez davantage confiance en vous pour accéder à vos conseils intuitifs. Cela vous permettra de passer à l'action en fonction des informations que vous recevrez et d'obtenir d'excellents résultats. Vous serez alors prêt à vous plonger dans des questions plus profondes aux enjeux plus conséquents.

Prêtez attention aux résultats que vous obtiendrez

Avec le temps, vous remarquerez que vous êtes de plus en plus à l'aise en travaillant avec votre pendule et en apprenant à vous fier à ce que vous percevez intuitivement. Vous commencerez à lui faire confiance comme compagnon et guide permanent tout au long de la journée, sans oublier de faire le point avec votre intuition. Lorsque vous vous connectez régulièrement à celle-ci par l'intermédiaire de votre pendule, n'oubliez pas de réfléchir un moment à ce qui se passe autour de vous. Quel est l'impact sur vous du résultat du choix vers lequel vous a orienté votre intuition ? Par exemple, remarquez si le projet de travail supplémentaire qu'elle vous a guidé à prendre en charge s'est traduit par de meilleures relations avec vos collègues ou votre patron. Réfléchissez pour établir si le film que vous avez prévu de regarder en famille vous permettra de vivre une expérience agréable et des moments particuliers de rapprochement. Peut-être que le restaurant où vous avez décidé de dîner vous a permis de rencontrer par hasard des amis que vous aviez perdus de vue depuis longtemps. N'oubliez simplement pas que chaque choix, qu'il soit important ou non, vous met sur la voie d'opportunités d'apprentissage et de croissance.

Outre l'apprentissage et la croissance, la réflexion permet de désactiver le pilote automatique et de se replonger dans l'instant présent. Faire une pause pour réfléchir permet de s'arrêter pour humer le parfum des roses. N'oubliez pas non plus que vous êtes en train de **puiser dans l'instant présent**. Le pendule ne prédit pas l'avenir, à moins que vous ne l'utilisiez à des fins divinatoires, ce dont nous parlerons au chapitre 5. Nous vous conseillons d'y recourir afin de déterminer et de clarifier le choix qui vous convient le mieux à ce moment précis. La réponse que vous obtiendrez concerne l'instant présent. La situation et les circonstances pourraient changer, et si vous posez la même question une semaine plus tard, il est possible que vous obteniez une tout autre réponse. La raison étant : vous disposez maintenant de plus d'informations qu'une semaine plus tôt. Posez surtout des questions en relation avec le moment présent et sachez que les informations que vous recevrez ne seront qu'un point de données dans le temps.

Gardez votre pendule pour vous

Lorsque vous commencerez à obtenir de fabuleux résultats grâce à votre pendule, vos amis et votre famille ne pourront que le remarquer. Votre confiance et votre vision de la vie deviendront de plus en plus positives au fur et à mesure que vous établirez une relation plus profonde avec votre sagesse intérieure. On vous demandera peut-être d'emprunter votre pendule. Si vous avez envie de faire ainsi la démonstration de comment il fonctionne et à quoi il vous sert actuellement, c'est très bien. Nous apprécions que vous fassiez connaître cet instrument extraordinaire. Cela dit, votre pendule ne vous appartient qu'à vous, personnellement. Son efficacité dépendra du lien que vous aurez établi avec lui. Il s'imprégnera également de votre énergie. Pour ces raisons, **il est déconseillé de le prêter**, car cela pourrait entraîner des réponses confuses ou inexactes pour vous, ainsi que pour les autres. Si vous voulez laisser un ami l'essayer, c'est tout à fait acceptable pour un tutoriel rapide. Purifiez et rechargez toujours votre pendule si quelqu'un l'a utilisé, afin d'éliminer toute énergie résiduelle ne venant pas de vous. C'est très important. Si vos amis veulent en savoir plus, encouragez-les à se procurer leur pendule et continuez à leur montrer comment l'utiliser et en prendre soin.

Renoncez à tout préjugé ou à toute attente

Restez ouvert à toutes les informations que vous recevrez. Abandonnez-vous-y et renoncez à tout désir égoïste, à tout contrôle et à tout investissement émotionnel. Si vous pensez vous investir considérablement en voulant recevoir une certaine réponse, prenez du recul puis reprenez ultérieurement votre pratique, lorsque vous pourrez l'aborder avec plus de lucidité et d'objectivité. Pour en tirer le meilleur parti, il est impératif de vous écarter de votre chemin et d'être prêt à recevoir des réponses qui aboutiront aux meilleurs résultats. Votre esprit est très puissant. Si vous êtes attaché au résultat en voulant obtenir un « oui », par exemple, il est très probable que vous fassiez osciller le pendule vers cette réponse. Une astuce à essayer consiste à **fermer les yeux** en posant votre question. Ne regardez pas votre pendule et laissez-le vous indiquer la réponse. Lorsqu'il commence à bouger, ouvrez les yeux et observez son mouvement. Cela pourra vous aider à vous détacher de la réponse.

Il est important de comprendre que la pratique du pendule est une compétence qui s'acquiert et demande de s'y consacrer, et qu'il est possible d'affiner de multiples façons une fois que vous aurez maîtrisé les bases. Apprendre à vous faire confiance et à discerner ce qui est bon pour vous peut également avoir un impact important sur ceux qui vous entourent. Les résultats positifs vous seront bénéfiques et auront un effet d'entraînement sur autrui.

Comment formuler vos questions ?

Veillez à poser des questions auxquelles répondre par « oui » ou « non ». Une question ouverte entraînera invariablement une certaine confusion, d'où découlera une réponse approximative (à moins que vous n'utilisiez un diagramme – voir p. 172-181). Précisez votre question si possible en indiquant le lieu, la date, l'heure et des noms. Par exemple : « Est-il dans mon intérêt d'être accompagnée par un partenaire au mariage de Rebecca en Bretagne le 10 juin de cette année ? »

Posez des questions simples plutôt qu'une seule en comprenant plusieurs. Par exemple, vous causerez de la confusion si vous demandez : « Est-il préférable pour moi de commander un hamburger ou une pizza ? » Prenez votre temps en ne posant qu'une question à la fois : « Est-il préférable pour moi de commander un hamburger ? » Si vous obtenez un « non », posez alors la question concernant la pizza.

Les réponses que vous recevrez seront d'autant plus précises. Demandez si nécessaire une réponse plus affirmée, par exemple : « Montre-moi un "oui" (ou un "non") plus affirmé. » En formulant vos questions, veillez à vous concentrer sur le positif plutôt que sur le négatif, et évitez de poser celles que pourraient susciter certaines émotions, telles que la colère ou la jalousie. Par exemple, au lieu de demander « Cette personne a-t-elle une influence négative sur moi ? », formulez-le plutôt ainsi : « Est-il dans mon intérêt de passer du temps avec cette personne ? » Restez curieux, ne vous attachez pas à la réponse et restez neutre sur le plan émotionnel. C'est ainsi que vous obtiendrez les réponses les plus précises et les plus objectives.

En commençant à travailler avec votre pendule, restez vigilant quant à ce que vous pensez. Il est normal que votre esprit vagabonde. Auquel cas, reprenez du début, car votre pendule captera ce qui vous passe par la tête. C'est pourquoi, lorsque vous travaillez ensemble, il est important de garder les pieds sur terre et de faire montre d'objectivité. N'oubliez pas de vous concentrer sur votre séance. Soyez présent et ne faites pas plusieurs choses à la fois. Gardez l'esprit ouvert et **veillez à faire preuve d'impartialité quant aux réponses que vous recevrez**. Cela pourrait demander au début un peu d'entraînement. Aussi tentant que cela puisse être de laisser votre esprit conscient influencer vos réponses, celles-ci risquent d'être approximatives, ce qui va à l'encontre du but de l'exercice.

Voici quelques exemples pour la formulation de vos questions :

- Est-il dans mon intérêt de [complétez] ?
- Est-il dans l'intérêt de toutes les personnes concernées de [complétez] ?
- Est-il hautement préférable pour moi de croire qu'il est dans mon intérêt de [complétez] ?
- Serait-il idéal pour moi de [complétez] ?
- Ai-je raison de croire que [complétez] ?
- Cela vaut-il la peine pour moi de [complétez] ?

Voici quelques débuts de questions à éviter :

- « Puis-je... ? » Nous ne pouvons pas répondre à cela, et vous le pouvez-vous ? Vos pensées sont très puissantes. Le fait de croire que vous pouvez ou ne pouvez pas accomplir quelque chose

pourrait se vérifier. En commençant ainsi à poser une question, la réponse que vous recevrez risque d'être inexacte. Demandez plutôt : « Est-ce que cela vaut la peine pour moi de… ? »
- « Ai-je besoin de… ? » En général, au-delà de nos besoins fondamentaux, nous n'avons pas à avoir ou à faire quoi que ce soit. Demandez plutôt : « Est-il dans mon intérêt de… ? »
- « Devrais-je… ? » Ce début de question ainsi formulé est vague et subjectif. Demandez plutôt : « Est-il idéal pour moi de… ? » ou « Est-il dans mon intérêt de… ? »

Voici un exemple de question à reformuler impérativement : « Devrais-je aller à l'université ? » Qu'est-ce qui ne convient pas dans cette question ? Le fait d'y employer le mot « devrais » donne lieu à pas mal d'interprétations. Cette question est vague et vous demande de vous forger une opinion plutôt que de faire preuve d'objectivité. En voici une meilleure formulation : « Est-il dans mon intérêt d'aller à [nom de l'université] à/en [la ville/le pays] pour étudier [la matière principale] à partir de [le mois/l'année] ? »

Si vous ne pouvez pas être précis dans vos questions, il vous faudra peut-être au début en poser de plus générales et focaliser votre attention en fonction des réponses que vous obtiendrez. Nous constatons parfois que les gens veulent être précis tout de suite, alors qu'en réalité, ce serait plus à leur avantage de commencer par prospecter plus largement. Par exemple, alors que Karina regardait sa nièce essayer de retrouver ses écouteurs perdus avec son pendule, celle-ci a immédiatement demandé s'ils étaient dans la poche de sa veste. Karina l'a invitée à commencer en posant les questions plus générales suivantes :

- Les écouteurs sont-ils chez moi ? Oui.
- Les écouteurs sont-ils au premier étage ? Non.
- Les écouteurs sont-ils au rez-de-chaussée ? Oui.
- Les écouteurs sont-ils dans la cuisine ? Non.
- Les écouteurs sont-ils dans le salon ? Non.
- Les écouteurs sont-ils dans le placard du vestibule ? Oui.
- Les écouteurs sont-ils dans ma veste noire ? Non.

- Les écouteurs sont-ils dans ma veste bleue ? Non.
- Les écouteurs sont-ils dans mon sac à main en cuir rouge ? Oui.

Sa nièce avait oublié qu'elle les avait laissés dans ce sac la dernière fois qu'elle les avait utilisés. Son inconscient en avait gardé le souvenir. En étant patiente avec elle-même et en prenant le temps de puiser dans sa sagesse, elle a pu rapidement réduire ses options à l'aide de son pendule, ce qui lui a permis de les retrouver. L'enseignement à tirer de cette histoire est qu'il vaut mieux **commencer large et vous focaliser progressivement** au fur et à mesure que vous éliminez vos options. Vous obtiendrez de bien meilleurs résultats en restant calme, patient et connecté à votre sagesse intérieure.

À un moment donné, il peut arriver que vous ne soyez pas censé connaître la réponse. C'est pourquoi nous vous avons recommandé de calibrer votre pendule afin de déterminer quels mouvements correspondent à « oui », « non », « peut-être » et « pas maintenant ». Si vous posez une question et qu'il y répond par un mouvement signifiant « pas maintenant », respectez-le et passez à autre chose. Vous pourrez reposer la question plus tard, et si vous êtes censé en connaître la réponse, vous la recevrez.

Comment savoir à quel moment ne pas utiliser votre pendule ?

Lorsqu'il vous est difficile de garder les pieds sur terre et d'être objectif, vos réponses pourraient ne pas refléter vos sentiments et vos désirs authentiques et vous induire en erreur si vous commencez une séance avec votre pendule sous le coup de l'émotion. Essayez de laisser de côté ce dont vous n'avez pas besoin et reprenez votre pratique lorsque vous serez dans un état d'esprit plus serein. Dans certains cas, il pourrait être préférable de déposer votre pendule sur sa station de rechargement et de l'y laisser le temps de vous ancrer. C'est très positif puisque vous reconnaissez que votre état énergétique n'est peut-être pas à son niveau le plus idéal pour procéder à une introspection. Si cela vous arrive, sachez que vous pratiquez **la connaissance de soi**. La relation entre votre cœur et votre esprit peut influer sur la façon dont le pendule oscille, alors prenez soin de vous et revenez à vos questions lorsque vous vous sentirez l'esprit plus clair et plus libre.

Les exemples suivants reflètent ces moments où il pourrait ne pas être judicieux d'utiliser votre pendule.

- Vous avez de fortes idées préconçues à propos du sujet que vous voulez aborder.
- Vous éprouvez des émotions intenses à l'idée de ce que vous souhaitez explorer.
- Vous savez que vous voulez que la réponse à une question donnée soit « oui » ou « non ».
- Vous éprouvez de l'appréhension, de l'anxiété ou un jugement fort à propos d'une question.
- Vous êtes malade, épuisé ou vous ne vous sentez pas en forme.

Une bonne façon de vérifier si vous êtes dans le bon état d'esprit pour travailler avec votre pendule est de commencer par quelques questions de base similaires à celles que vous avez posées lors de son calibrage initial.

En voici quelques exemples :

- Mon nom complet est-il [votre nom] ?
- Suis-je né·e à [la ville, le pays de naissance] ?
- Ai-je mangé [le type d'aliments] au petit déjeuner ?

Si vous obtenez des réponses précises, continuez, en demandant par exemple :

- Est-il dans mon intérêt de poser d'autres questions à mon pendule en ce moment ? *Si vous obtenez un « non », remettez l'introspection à plus tard.*
- Est-il préférable que je revienne sur mes questions à un autre moment ? *Si vous obtenez un « oui », vous pourrez demander plus précisément si vous pourriez reprendre votre travail ensemble dans une heure, un jour, une semaine, etc. Laissez-vous guider par votre intuition.*

Si les réponses aux questions de base vous incitent à douter de l'exactitude de votre pendule, il pourrait être judicieux de vous ressourcer. Allez faire un tour, méditez, buvez du thé ou un verre d'eau fraîche – faites tout ce que vous aimez afin de décompresser. Remettez-vous-y lorsque vous vous sentirez prêt.

Vous fixer des intentions et vous ancrer

Tirer le meilleur parti de votre pendule dépend de la façon dont il travaille avec votre énergie pour votre plus grand bien. La manière dont il procède dans ce sens dépend dans une large mesure de la formulation de vos intentions comme de vos questions. Tout ce qui existe dans ce monde est porteur d'une énergie positive ou négative. Certains parlent d'énergie active ou passive. Pour d'autres, il s'agit d'énergie lourde ou légère. En fin de compte, nous parlons de forces qui interagissent en formant un système dynamique dans lequel le tout est plus que la somme de ses parties. Peu importe la manière dont vous vous référez à cette notion ; ce qui compte, c'est ce qui résonne en vous. N'utilisez surtout pas votre pendule en entretenant de mauvaises intentions. Nous conseillons à nos clients que nous coachons de ne recourir à leur pendule que pour leur plus grand bien. En ayant défini de bonnes intentions, les conseils que vous recevrez de votre intuition seront alignés sur votre plus grand bien. Si vous parvenez à clarifier ce que vous voulez savoir et à bien déterminer vos intentions, il sera beaucoup plus facile de poser les questions pertinentes pour que vos réponses se révèlent à vous.

Définir vos intentions

En vous fixant une intention avant une séance avec votre pendule, cela vous permettra de la clarifier considérablement et de vous concentrer sur ce que vous cherchez à atteindre dans l'instant présent. Cela donne un sens et une raison d'être à vos désirs et aligne votre esprit sur votre cœur. Afin d'élaborer de puissantes intentions, commencez par vous fixer des objectifs qui s'alignent sur vos valeurs, vos aspirations et le but de votre vie. Il sera préférable de définir régulièrement vos intentions, un aspect essentiel de votre pratique du pendule.

Voici un guide rapide sur la façon de procéder :

- Mettez noir sur blanc votre intention. L'acte de l'écrire est en soi puissant.
- Formulez votre intention de manière positive. Au lieu de « Je ne veux pas manquer d'énergie aujourd'hui », dites « Je veux me sentir ressourcé et plein d'énergie aujourd'hui ».
- Répétez votre intention à voix haute.
- Remettez votre intention à l'Univers. C'est très important. Ce n'est pas toujours facile, mais c'est nécessaire. Accueillez à bras ouverts la liberté de savoir que l'Univers vous soutient et que vous ne détenez pas le contrôle.
- Restez ouvert et curieux. Chaque décision que prend chacun d'entre nous offre d'infinies possibilités. Il est très exaltant de vivre dans l'inconnu. Il est essentiel de vous accommoder de l'inconfort et de ne pas vous attacher aux résultats.

N'hésitez pas à faire de votre intention **un mantra quotidien** que vous vous répéterez tout au long de la journée, sur une semaine ou sur la période qui vous convient. Une fois vos intentions définies, décidez de la manière dont vous souhaitez être orienté au cours de votre cheminement avec votre pendule. Déterminez si vous voulez puiser dans votre inconscient ou être guidé par votre moi supérieur – cette partie de vous qui est connectée à l'intelligence universelle et qui a accès à des informations au-delà de ce que votre conscience est en mesure de traiter.

Et maintenant, commençons !

Ancrer votre énergie

Vous vous êtes peut-être déjà familiarisé avec votre pendule en l'utilisant, mais voici un rappel et des conseils complémentaires pour vous ancrer et travailler plus en profondeur avec lui.

Apaiser son esprit et s'ancrer dans un endroit tranquille est la meilleure solution pour clarifier des décisions importantes. Nous sommes tous humains et ressentons à tout moment une multitude d'émotions, en fonction des circonstances et de notre environnement. Si vous abordez votre séance avec l'esprit neutre et aussi ouvert que possible quant aux réponses que vous recevrez, vous aurez plus de chances d'en obtenir d'une grande exactitude. Pour ce faire, il est préférable d'être détendu et à l'aise.

Voici **un exercice d'ancrage** qui vous permettra de commencer :

1. Installez-vous confortablement pour vous détendre et apaiser votre esprit. Il y a de nombreuses techniques d'ancrage, n'hésitez pas à choisir celle qui vous convient le mieux. Nous recourons de préférence à la respiration et à la visualisation pour avoir l'esprit empreint de tranquillité.
2. Fermez les yeux et respirez quatre fois profondément. Inspirez par le nez sur quatre temps ; expirez par la bouche sur quatre temps en exhalant un soupir de manière audible. Visualisez des racines à partir de la plante de vos pieds allant se ramifier et s'implanter profondément jusqu'au cœur même de la Terre.
3. Imaginez une luminescence d'une incroyable blancheur qui émane de votre cœur et se diffuse vers l'extérieur avant d'envelopper votre corps. Considérez-la comme un cocon protecteur et un moyen de partager votre lumière intérieure. Asseyez-vous en gardant à l'esprit cette vision et respirez profondément. Vous saurez que vous êtes ancré lorsque vous vous sentirez présent dans votre corps. Vous pourriez éprouver un sentiment de libération, d'apaisement et comme si vous étiez connecté à la Terre, à l'Univers ou à vous-même, et ressentir l'un ou tous ces

sentiments, ou quelque chose de très différent. Soyez assuré que vous saurez quand vous vous sentirez ancré et prêt. Ouvrez les yeux et commencez.

Vous lancer

Après avoir calibré votre pendule et vous être ancré, il sera temps d'explorer votre monde intérieur. Vous avez peut-être déterminé précisément les questions à poser, ce qui est merveilleux. Sachez que vos réponses ne refléteront pas nécessairement ce que vous voulez. Ce n'est pas grave. La raison pour laquelle vous obtenez une certaine réponse pourrait ne pas vous paraître évidente sur le moment, mais c'est généralement pour votre plus grand bien. Votre moi supérieur, cette partie de votre être toujours connectée à l'Univers, sait ce qui est le mieux pour vous.

Par exemple, imaginons qu'après avoir demandé à votre pendule s'il était dans votre intérêt de participer à une réunion entre amis au restaurant à une certaine date, vous ayez obtenu en réponse un « non ». En possession de cette information, vous décidez de vous fier à votre intuition et de ne pas y aller. Cependant, ayant comme l'impression que vous allez peut-être rater quelque chose, vous remettez en question votre décision. C'est tout à fait normal, mais continuez à y croire. Avançons rapidement jusqu'à la fin de l'événement. Que s'est-il passé alors que vous n'y étiez pas ? Pendant ce temps, vous avez peut-être pu prendre des nouvelles de votre famille et vous réconcilier avec un proche, ou cela vous a permis de terminer un travail ou un devoir scolaire. Peut-être que tous les clients au restaurant ont été victimes d'une intoxication alimentaire et que l'Univers vous en a protégé. Nous ne savons pas toujours pour quelles raisons nous obtenons certaines réponses. Cependant, comme l'illustre ce scénario, en ayant appris à vous fier à votre intuition, vous ne serez pas conduit dans la mauvaise direction. Au fur et à mesure que vous vivrez des expériences telles que ce scénario, vous prendrez davantage confiance en vos décisions et en vous-même, et bientôt, vous ne vous remettrez plus du tout en question.

Sachez quand poser des questions générales et quand il s'agit d'être plus précis, notamment pour bien déterminer les informations à rechercher. Par exemple, souhaitant établir si vous êtes dans la bonne relation, vous pourriez poser à votre pendule cette question : « Est-ce pour mon plus grand bien d'être dans une relation amoureuse avec Joe en ce moment ? » Posez vos questions avec assurance et n'oubliez pas de recourir uniquement à des questions fermées ne pouvant être répondues que par « oui » ou « non ».

Si vous n'êtes pas sûr de la façon de les formuler pour obtenir la réponse la plus précise, commencez par une question générale. Dans ce scénario, imaginons que vous connaissez des difficultés dans votre emploi et que vous envisagez de démissionner. Votre séance pourrait se dérouler comme suit : « Suis-je heureux dans ma carrière du moment ? » Il s'agit d'une question générale qui peut s'orienter vers plusieurs directions et faire l'objet de pas mal d'interprétations. Si votre pendule vous indique un « oui », votre intuition, à ce moment précis, vous guide pour que vous poursuiviez votre carrière actuelle. S'il vous indique un « non », continuez à explorer ce que cela signifie pour vous. Il se pourrait que vous deviez rester dans votre secteur d'activité, mais il est peut-être temps de trouver un autre emploi, d'explorer un nouveau domaine d'activité ou de créer votre entreprise.

Votre prochaine question pourrait être : « Est-il dans mon intérêt de rester dans mon secteur d'activité/ma profession du moment ? » Si la réponse est « oui », vous pourriez alors demander : « Ai-je vraiment intérêt à chercher un autre emploi dans le même secteur d'activité ? » Si la réponse est « oui », réfléchissez plus précisément à ce que vous avez toujours rêvé de faire. Par exemple, si vous voulez être écrivain depuis longtemps, vous pourriez vous demander s'il est dans votre intérêt de commencer à écrire un blog ou de soumettre des nouvelles à un magazine en vue d'être publié. Vous souhaitez peut-être devenir rédacteur dans une agence de publicité. Ou posez la question suivante : « Serait-il bénéfique pour moi de chercher un mentor/recruteur pour m'aider à déterminer la meilleure voie à suivre pour progresser professionnellement ? »

Si quelqu'un vous vient à l'esprit, demandez si c'est la bonne personne à contacter pour vous épauler.

Si vous ne savez pas ce que vous aimeriez faire pour poursuivre votre carrière, réfléchissez bien au préalable et notez toutes les idées qui vous viennent à l'esprit. Demandez à un ami de confiance de vous assister dans cette démarche si vous avez le sentiment que c'est la chose à faire. Il ne s'agit là que d'un scénario parmi tant d'autres afin d'orienter votre séance avec votre pendule. Le processus d'exploration des désirs de votre cœur est exaltant, mais peut aussi être effrayant, car l'inconnu suscite généralement de l'appréhension et de l'anxiété. Nous vous encourageons à **rester ouvert aux possibilités infinies**. Si vous n'êtes pas prêt à recevoir une information, vous n'avez pas à la demander. Et s'il n'est pas dans votre intérêt d'obtenir une réponse à une certaine question, votre pendule vous le communiquera par le mouvement signifiant « pas maintenant ». Tout ce qu'il vous reste à faire, c'est garder confiance.

Chapitre 5

LA DIVINATION ET VOTRE CONNEXION À L'UNIVERS

La lecture des cartes de tarot ou oracle, l'interprétation des feuilles de thé, le lancer de runes, la médiumnité, l'art de voir avec l'esprit sont des pratiques de divination, et la liste ne s'arrête pas là. Si vous lisez ce livre et utilisez un pendule, la divination sous une forme ou une autre titille probablement votre curiosité. Cette pratique ancestrale nous aide à nous connecter au monde spirituel et à découvrir ce qui est occulte par le biais de notre propre énergie et de moyens ésotériques. Grâce à elle, nous sommes guidés à explorer ces facettes les plus profondes de notre être et ce qui se trouve sous la surface. Dans ce chapitre et de manière plus précise, nous allons vous présenter quelques méthodes d'utilisation du pendule appliquées à la divination, pour entrer en relation avec votre moi supérieur, savoir comment travailler avec vos anges et vos guides spirituels, apprendre à explorer les groupes d'âmes et les vies antérieures, et connaître la pratique du tarot divinatoire et des cartes oracle, des runes et de la numérologie. Gardez à l'esprit que le pendule est un outil. Il ne détient pas à lui seul les réponses. **Vous êtes la clé.** Vous et votre moi supérieur avez connaissance de chaque conseil que vous recherchez pour vous orienter.

Rencontrer votre moi supérieur

Commençons par cette partie de votre âme qui sait tout et qui est connectée à l'Univers, quelle que soit la définition que vous donnez à ce dernier. Comme nous l'avons déjà mentionné, que vous soyez en phase avec Dieu, le Divin, l'Univers, la Source ou tout autre terme désignant une entité supérieure, le fil conducteur est que vous croyez en quelque chose de plus grand que vous-même et d'immatériel. Votre âme ou votre esprit serait une façon plus simple de le considérer.

Lorsque vous travaillez avec votre pendule, vous cherchez à recevoir des réponses de votre moi supérieur, qui va bien au-delà de votre enveloppe charnelle. C'est la conscience éternelle de l'âme qui ne connaît aucune limite. Les réponses que vous transmet votre moi supérieur viennent de votre cœur, et non de votre tête. De nombreuses religions et traditions ancestrales nous enseignent que lorsque nous entrons en relation avec la conscience universelle, à laquelle nous contribuons tous, nous entrons en relation avec notre moi supérieur. Il s'agit de cette partie de vous qui est éloignée de votre ego qui, quant à lui, a tendance à vous inciter à vivre dans la peur. Entrer en relation avec votre moi supérieur ne nécessite rien d'extérieur à vous-même. Vous êtes relié à lui de manière innée, et il sait quelle est votre raison d'être et détient toutes les réponses vous concernant.

La raison d'être de votre ego

Tout comme nous avons tous de l'intuition, en tant qu'êtres humains, nous avons tous un ego, la partie la plus critique et la plus chaotique de nous-mêmes, qui communique par l'intermédiaire de nos cinq sens fondamentaux. L'ego ne se préoccupe que de lui-même ; il n'en a jamais assez et se contenter de la deuxième place n'est pas une option. Vivre en accord avec votre ego va à l'encontre de vivre en accord avec votre moi supérieur par le biais de conseils intuitifs.

Ne vous inquiétez pas, tout le monde a un ego, ce qu'exige en partie le fonctionnement de notre société et de notre monde actuel. Nous sommes très doués pour faire attention à ce que nous raconte notre ego, qui ne se gêne pas pour nous en faire part à pleine puissance si on le laisse faire. Il est enclin à adhérer au conditionnement social. Nous sommes souvent exposés à des normes irréalistes en ce qui concerne les critères de beauté, les possessions matérielles, l'argent et les relations. Ces attentes malsaines peuvent susciter un sentiment d'insécurité ou de l'anxiété. En étant à l'écoute de notre ego, le risque est grand de devenir excessivement analytique et critique à l'égard de nous-mêmes et de notre situation. Ce comportement malsain génère un sentiment d'infériorité et un manque d'estime de soi.

Malgré ces influences néfastes, l'ego joue un rôle important dans notre existence. Au fur et à mesure que nous avançons en âge, il nous aide à établir et à organiser notre vie par l'intermédiaire de l'éducation, de la carrière et en fondant une famille. Mais attention : l'ego adore nous séduire en nous donnant l'illusion que nous avons le contrôle de notre vie et sur les personnes de notre entourage. Beaucoup d'entre nous ont commencé à comprendre que la vie ne se résume pas au matérialisme. Notre voyage spirituel nous fait passer des contraintes que nous impose notre ego aux libertés que nous offre notre intuition. Grâce à votre pendule, vous pourrez contourner ces contraintes d'ordre égotique afin de vous ouvrir la voie de l'apprentissage à partir d'une nouvelle perspective. Ce n'est que de ce point de vue plus profond qu'il sera vraiment possible d'exercer votre libre arbitre.

Par exemple, si vous pensez que la seule façon de gagner votre vie est d'occuper un travail de bureau dans une grande entreprise, vous n'envisagerez jamais d'autres options pour subvenir à vos besoins. L'ouverture de votre cœur et de votre esprit aux opportunités restant à rencontrer alimente la base de données de toutes les connaissances inconscientes que vous stockez. Afin de commencer à s'ouvrir à d'autres possibilités, le pendule peut être un compagnon utile pour pratiquer le discernement. Si vous n'êtes pas sûr d'un choix parce qu'il est en dehors de vos anciennes croyances limitantes imposées par la programmation sociale et l'ego, alors branchez-vous sur votre pendule pour explorer les potentialités. En faisant confiance à notre moi supérieur pour nous guider, nous optimisons le libre arbitre auquel nous avons accès pour favoriser les meilleurs résultats pour nous-mêmes, ainsi que pour tous.

D'après notre expérience personnelle, nous avons constaté que la plupart d'entre nous n'ont pas été instruits pour savoir comment se connecter à leur intuition et lui faire confiance. En fait, le contraire se vérifie. Tant que vous serez dans l'incapacité de développer votre intuition et de vous y fier, votre ego continuera à mener la danse. Cependant, s'il représente la principale voix dans votre vie, il est impossible de trouver véritablement l'épanouissement. C'est en permettant à votre moi supérieur de vous guider dans les expériences que vous vivrez que vous parviendrez intérieurement à l'amour et à la sérénité. C'est pour vous apprendre comment y parvenir que nous sommes ici, le pendule étant un fabuleux instrument pour vous accompagner dans **votre voyage spirituel** en vous aidant à faire les meilleurs choix, personnellement.

De l'importance de prêter attention à la sagesse de votre moi supérieur

Si vous êtes prêt à laisser un moment votre ego de côté et à entrer en relation grâce au pendule avec la sagesse de votre moi supérieur, vous accéderez à des possibilités illimitées. Votre moi supérieur a accès à vos annales akashiques, qui contiennent le plan de votre existence, et équivalent à une bibliothèque infinie où se trouve entreposé tout ce qui concerne chaque âme – de ses vies antérieures à sa vie actuelle et à celles à venir. C'est pourquoi il est essentiel d'avoir une étroite relation avec votre moi supérieur. Lorsque vous vivez en accord avec la sagesse intérieure et les conseils que votre moi supérieur vous prodigue pour vous guider, vous incarnez la meilleure version de vous-même, et la plus authentique. Ces moments d'intuition profonde et d'inspiration créatrice contribueront davantage à votre vie si vous permettez à cette communication de s'établir. Grâce à votre moi supérieur, vous pourrez accéder aux informations déjà disponibles dans vos annales akashiques et accueillir à bras ouverts tous vos dons et vos talents.

Alors, comment entrer en relation avec votre moi supérieur ? Tout d'abord, apprenez à le connaître en recourant à l'introspection. La capacité de « se mettre à l'écoute » et d'entendre ce qu'il essaie de vous faire comprendre demande du temps et de la place pour que vous vous apaisiez.

Trouvez un moyen qui vous convient pour vous livrer à l'introspection sans la moindre distraction. L'exercice suivant vous permettra d'apaiser votre esprit et d'entrer en relation avec votre moi supérieur. Il est conçu pour qu'il vous soit possible de lâcher prise de tout ce qui est à l'origine du bavardage mental incessant qui captive votre esprit et vous empêche d'y accueillir la sérénité. En ayant appris comment procéder ainsi qu'à vous détendre, il est alors possible de recevoir toute la sagesse, l'inspiration, la motivation, entre autres multiples bienfaits, que souhaite vous apporter votre moi supérieur.

Exercice

APAISEZ VOTRE ESPRIT ET SOYEZ PRÉSENT

Nous vous recommandons d'effectuer cet exercice simple et rapide que nous proposons aux clients de nos services de coaching. C'est une excellente pratique à laquelle recourir avant de travailler avec votre pendule, ou chaque fois que vous aurez besoin de vous concentrer et d'être présent. Dessinez un encadré dans votre journal ou sur une feuille de papier. Nous vous recommandons de réserver exclusivement un journal à votre pratique du pendule, dans lequel enregistrer toutes les visions et pensées que vous recevrez. Dans cet encadré, notez tout ce dont il vous faut lâcher prise pendant les vingt prochaines minutes – ou le temps que vous prévoyez pour travailler avec votre pendule, vous asseoir en méditation ou recharger vos batteries. Il peut s'agir de tout ce à quoi vous pensez : ce que vous allez préparer pour dîner, les e-mails du travail qui attendent une réponse, ce que vous allez porter pour votre rendez-vous dans la soirée... En éliminant le bavardage mental et en le relocalisant ailleurs, même sur une période définie, vous créez intentionnellement une durée de temps et un espace où il vous sera possible de vous apaiser.

Si vous n'avez pas de papier et de stylo à disposition, essayez de faire cet exercice dans votre tête. Visualisez une boîte ou un autre récipient et pensez à tout ce qui doit être mis de côté pour que vous disposiez de l'espace énergétique et mental nécessaire afin d'avoir l'esprit clair et d'être présent. Imaginez maintenant que vous placez toutes ces tâches dans cette boîte et que vous en refermez le couvercle.

Vous êtes maintenant prêt à être réceptif. Votre moi supérieur communiquera avec vous par des chuchotements, des images ou d'autres moyens, souvent entre vos pensées. Pour apprendre son langage, il est nécessaire que vous soyez capable de vous mettre à l'écoute de vos « clair- », ce dont nous avons parlé au chapitre 1. Il s'agit de ces facultés extrasensorielles grâce auxquelles vous recevez des informations pour vous guider. Nous avons tous la capacité de nous mettre de multiples façons à l'écoute de ces conseils venant de l'intérieur et de les interpréter en recourant à certaines « clair- », voire à toutes.

Exercice

RENCONTREZ VOTRE MOI SUPÉRIEUR

Le pendule est l'instrument idéal pour vous connecter à votre intuition et en faire la voix dominante que vous percevrez. Avant de commencer une séance avec votre pendule, nous vous recommandons de faire une prière et de demander à votre moi supérieur d'être présent avec vous pendant que vous cherchez les réponses destinées à votre plus grand bien. Si le moi supérieur est pour vous un nouveau concept, commencez par poser quelques questions. Considérez-le comme votre meilleur ami et mentor de toujours, qui détient toutes les réponses que vous cherchez. Que demanderiez-vous à un ami que vous souhaitez mieux connaître ?

- « Comment t'appelles-tu ? » Pour répondre à cette question, utilisez votre pendule et reportez-vous au diagramme de l'alphabet à l'appendice (voir p. 173) pour épeler son nom. Ne vous inquiétez pas si ce nom

n'a aucun sens ou s'il est exceptionnellement long. C'est tout à fait normal dans le monde des esprits.

- « Est-il dans mon intérêt de me demander quelle est ma raison d'être dans la vie en ce moment ? »
- « Est-ce que cela m'aiderait de découvrir mes ancêtres par le biais d'une régression vers les vies antérieures ? »

Et ainsi de suite. La façon dont vous apprenez à connaître votre moi supérieur est des plus personnelles, c'est pourquoi il est essentiel d'élaborer la méthode qui vous convient. Entraînez-vous à être très attentif et à vous fier aux réponses que vous recevrez. Plus vous le ferez, plus votre ego tapi dans l'ombre battra en retraite avant de s'effacer.

Guides spirituels, anges, archanges et groupes d'âmes

On dit que nous naissons tous dans ce monde avec au moins un guide spirituel – un être qui nous est dévoué et qui nous a accompagnés tout au long de nos vies passées –, toujours présent et qui veille sur nous pour notre plus grand bien. Nous sommes également entourés d'anges en permanence. Pour nous, c'est vraiment la vérité ! Les guides spirituels et les anges ont leur propre identité et personnalité, tout comme d'autres entités, notamment les archanges, les animaux spirituels, les dragons, les fées, les elfes et bien plus encore. Ce monde pourrait être pour vous tout nouveau, mais nous ne ferons que l'effleurer dans ces pages. Toutefois, si vous souhaitez en savoir plus sur les guides spirituels et autres êtres surnaturels, consultez les auteurs et les spécialistes que nous recommandons sur le sujet dans la section des ressources à la fin de l'ouvrage.

Les guides spirituels

Une âme qui a atteint un niveau de conscience et un stade d'évolution suffisants pour en aider une autre à faire de même est ce que nous appelons un « guide spirituel », qui s'est incarné d'innombrables fois en tant qu'être humain et comprend, de ce fait, ce qu'est l'expérience humaine. Sa capacité à ne pas juger, à faire preuve de compassion et à incarner l'amour est à un niveau si élevé que, pour la plupart d'entre nous, c'est inconcevable. Depuis la naissance de votre âme, vous avez très probablement eu le même guide spirituel tout au long de vos vies antérieures. Il est même possible que vous en ayez plusieurs. Ils peuvent se présenter sous diverses incarnations, par exemple, un être cher disparu, un ou une ancêtre, un ange, un archange, un animal spirituel ou un maître ascensionné. Vous pouvez demander à ces guides, à tout moment de votre vie, de vous aider à résoudre un problème en particulier, car vous êtes doté de libre arbitre.

Les guides spirituels se sont engagés à vous orienter au mieux personnellement, ce qu'ils ont fait délibérément et intentionnellement. Il est important de savoir qu'ils veulent vraiment vous apporter leur aide. C'est leur mission et c'est ce qui leur donne un sens et une raison d'être ! Cependant, ils ne peuvent vous aider que si vous le leur demandez. Nous vous invitons vivement à établir une relation avec votre ou vos guides spirituels. L'une de nos auteures préférées sur le sujet, Jean Slatter, propose une excellente façon de procéder. Dans son livre *Hiring the Heavens*, elle explique comment engager votre équipe spirituelle pour à peu près tout ce pour quoi vous avez besoin d'aide. Selon elle, votre équipe divine d'anges et de guides est toujours là pour vous accompagner de leurs conseils sur votre voie, et plus vous sollicitez leur aide, plus il est facile de les identifier et de les entendre, par le biais de vos propres « téléchargements » intuitifs ou de signes que vous envoie l'Univers[1].

Il est dit que l'on peut avoir un nombre infini de guides spirituels, qui sont comme des amis qui nous témoignent un amour inconditionnel et en savent plus que ce que notre esprit conscient parvient à percevoir. Ils entrent dans notre vie à différents moments et pour diverses raisons. En règle générale, nous avons tous au moins un guide spirituel personnel, mais il y en a généralement plusieurs. Lorsque vous êtes appelé et prêt à rencontrer vos guides spirituels, vous pourriez commencer à avoir des visions et des rêves révélant leur présence. Ils peuvent vous transmettre de petits encouragements, des chuchotements, des signes, des synchronicités ou des messages musicaux. Vous commencerez peut-être à remarquer que certaines personnes ou opportunités se présentent plus souvent sur votre chemin. C'est si passionnant ! Faites appel à eux et entrez en contact avec eux. Ils vous accompagnent toujours, attendant de vous aider. Pour entrer en relation avec eux, apaisez votre esprit, notamment par la méditation.

Utilisez votre pendule pour apprendre leurs noms, le nombre de guides spirituels qui vous accompagnent et la meilleure façon de communiquer avec eux. Il n'y a aucune limite à ce qu'il vous sera possible d'apprendre. Ils sont là, travaillant pour vous en coulisses, que vous les perceviez ou non. C'est parfois dans les moments les plus éprouvants de notre vie que l'on se sent détachés de l'Univers, cependant, c'est lors de ces moments-là que nos guides spirituels veulent et peuvent plus que jamais nous apporter leur aide.

Les anges

Diverses traditions spirituelles décrivent à leur façon les royaumes angéliques. On s'accorde à dire qu'il y a une hiérarchie parmi les anges, et ces groupes sont organisés par fonction, par exemple, les anges gardiens. Comme les guides spirituels, les anges sont également disponibles pour vous apporter direction et protection, et ils incarnent l'amour inconditionnel, la compassion et la sagesse. Melanie Beckler dit sur le site Ask Angels (www.ask-angels.com) qu'il existe neuf ordres d'anges (plus les humains)[2].

Selon Kyle Gray, éminent spécialiste sur le sujet, auteur, conférencier et l'un de nos interlocuteurs préférés en matière de conseils angéliques, les anges sont nos compagnons de chaque instant et, en cela, depuis notre naissance[3]. En tant qu'êtres humains, nous sommes soumis à une loi spirituelle appelée le « libre arbitre », à laquelle les anges sont également soumis. Cela signifie qu'il vous faudra solliciter leur aide. Ils nous offrent tant d'amour et de soutien, mais nous devons les reconnaître et les y inviter. Notre citation préférée tirée du livre de Kyle Gray *Angel Prayers* (publié aux Éditions Exergue sous le titre *Prières aux anges – Solliciter l'aide du ciel pour créer des miracles*), est la suivante : « Anges de lumière, merci de m'éclairer sur la voie de ma croissance spirituelle. Développer notre relation et ma foi est mon objectif[4]. » Gray explique également que lorsque nous nous sentons accablés, les anges peuvent nous guider pour nous rassurer[5]. Mais qu'en est-il de ces jours où nous n'avons pas vraiment besoin d'un miracle ? Ce sont aussi des moments où nous avons accès à leur amour et à leurs conseils afin de nous orienter, et où ils veulent entendre parler de nous. De ce fait, remerciez chaque jour vos anges, pas seulement lorsque vous êtes confronté à une épreuve. Votre pendule est un excellent outil pour entrer en relation avec votre équipe spirituelle.

Les archanges

Ces êtres surnaturels qui occupent un rang supérieur dans la hiérarchie des anges sont connus pour être des messagers de l'Univers qui nous délivrent des messages et des conseils si nous y sommes réceptifs. Il est possible de faire appel à certains archanges en particulier pour trouver une solution, une orientation ou du soutien. Toujours disponibles pour nous aider, il suffit de les solliciter. Ils assument divers rôles et régissent différents domaines de la vie. Les archanges les plus connus sont Michaël, très souvent invoqué pour la protection, Raphaël, Uriel et Gabriel, sollicités pour la clarté et les conseils pour s'orienter. Les archanges sont envoyés par l'Univers pour accomplir de vastes missions. Par exemple, l'archange Gabriel est connu pour avoir transmis des messages importants tout au long de l'histoire. Si vous vous demandez avec quel archange vous aimeriez travailler en particulier, consultez le diagramme les présentant à la page suivante.

Les archanges ne se fatiguent jamais et peuvent se trouver à plusieurs endroits à la fois. Ils aiment que nous sollicitions leur aide. C'est ainsi que nous les honorons en croyant que leur présence peut être source de miracles dans notre existence.

Voici le type de conseils ou d'assistance que vous offrent les archanges :

Archange Michaël : un puissant protecteur qui permet de se libérer de la peur et de l'inquiétude.

Archange Raphaël : il contribue à la guérison des maux physiques et mentaux.

Archange Gabriel : le messager des nouveaux départs, de la communication et de la force.

Archange Jophiel : il vous guide vers l'amour et la perception de la beauté à l'intérieur et à l'extérieur de vous.

Archange Uriel : il vous aide à entendre les messages divins et à percevoir la présence divine.

Archange Azraël : il assiste les personnes prêtes à passer de la vie physique au monde des esprits.

Archange Chamuel : il contribue à la paix, à la compassion et au rétablissement de l'ordre à partir du chaos.

Archange Haniel : il vous aide à reconnaître votre beauté intérieure et vous relie à votre sagesse intuitive.

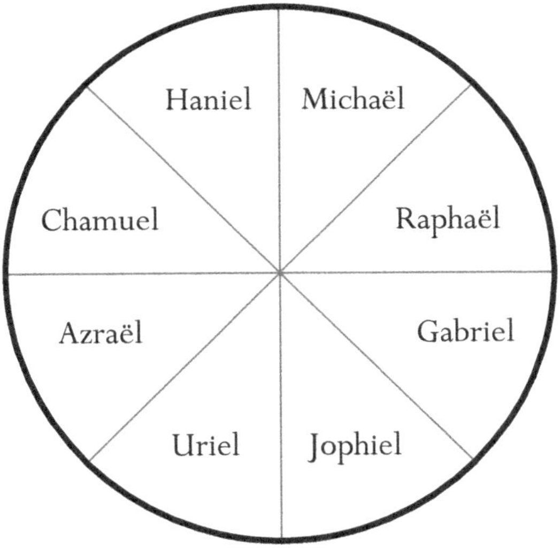

Diagramme des archanges

Si vous souhaitez travailler avec d'autres archanges, il vous suffira de dessiner votre diagramme.

Voici certains d'entre eux que vous pourriez considérer :

Archange Ariel : il favorise le bonheur, l'abondance et la nature, ainsi que ceux dont la mission est de protéger les animaux et l'environnement naturel.

Archange Zadkiel : il vous aide à élever votre vibration et favorise l'amour, le pardon, la clémence et la liberté.

Archange Raziel : il vous aide à découvrir les secrets et les mystères de l'Univers, à développer vos capacités extrasensorielles et à accroître votre créativité.

Archange Sandalphon : il travaille en étroite collaboration avec les musiciens, entre autres, et inspire à composer des poèmes et des prières.

Quelle expérience magique que de travailler en association avec votre moi supérieur, vos guides spirituels, vos anges, vos archanges et d'autres êtres de lumière ! En les conviant à participer à une séance avec votre pendule, vous honorez leur présence et invitez leur sagesse. N'oubliez jamais de les remercier pour leur investissement, leurs conseils, leur soutien et leur amour inconditionnel. Ils adorent être ainsi reconnus.

Les groupes d'âmes

Dans le monde des esprits, de l'autre côté du voile, nous avons tous **une famille d'âmes** à laquelle nous appartenons et au sein de laquelle nous travaillons avec d'autres âmes pour accomplir diverses missions. Cette famille d'âmes nous aide à nous développer aussi bien sur le plan personnel que collectif. Tout le travail que nous accomplissons au cours de chacune de nos vies aide notre principale famille d'âmes, notre groupe d'âmes interreliées et, finalement, tous les autres groupes d'âmes constituant **la conscience universelle**. Notre principale famille d'âmes est composée de celles dans lesquelles nous nous réincarnons d'une vie à la suivante. Considérez ce groupe comme votre premier cercle. Notre groupe d'âmes interreliées est composé de celles que nous incarnons au cours de plusieurs vies, sans que ce soit nécessairement à chaque vie. Nous pourrions faire partie d'un groupe secondaire pour des missions très particulières. Il s'agit de notre deuxième groupe d'âmes.

Chaque expérience que nous vivons est impérative pour l'évolution générale de l'ensemble. Nos expériences personnelles, les enseignements que nous avons reçus et nos émotions contribuent aux connaissances générales de la conscience collective. Êtes-vous curieux de savoir qui fait partie de votre famille d'âmes ou de votre groupe d'âmes interreliées ? Vous pourrez accéder à ces informations en travaillant avec votre pendule.

Exercice

DÉCOUVREZ VOTRE FAMILLE D'ÂMES

Préparez-vous pour votre séance avec votre pendule en vous ancrant, en vous fixant l'intention de découvrir qui fait partie de votre groupe d'âmes et en entrant en relation avec votre moi supérieur. Calibrez votre pendule et pensez à votre famille proche, à vos amis et à vos connaissances. Pensez à une personne à laquelle vous vous sentez particulièrement lié, et demandez à votre pendule si elle fait partie de votre groupe d'âmes. Attendez la réponse « oui » ou « non » et notez-la. Si vous obtenez une réponse négative, demandez si cette personne fait partie de votre groupe d'âmes interreliées. Consignez vos réponses dans votre journal pour y revenir plus tard, et vous vous ferez rapidement une idée très précise des membres de votre famille, de vos amis ou de vos connaissances qui font réellement partie de votre famille d'âmes ou de vos groupes d'âmes interreliées. Cela pourra vous aider à mieux comprendre les histoires familiales, les défis et avec qui vous êtes ici pour travailler en fonction des enseignements de la vie.

L'HISTOIRE DE MARI

Je vois le nombre 1104 partout – sur les tickets de caisse, les bornes kilométriques, l'horloge numérique du four et l'heure d'envoi d'un SMS, pour ne citer que quelques exemples. Certains jours, je vois ces chiffres presque une dizaine de fois. Ma famille et moi pensions qu'il s'agissait d'une coïncidence. Il ne m'était jamais venu à l'esprit que quelqu'un pouvait m'envoyer un signe par ce moyen pour établir une connexion. En travaillant avec mon pendule que m'ont offert Lana et Karina, j'ai pu poser des questions et enfin comprendre ce que signifie 1104.

Une semaine plus tard, un papillon a voleté à côté de moi alors que j'étais dans un bateau, au milieu d'un lac, un étrange spectacle à 800 mètres du rivage. Mon pendule m'a également aidée à interpréter cette expérience. Je suis heureuse d'annoncer que non seulement je vois des papillons et le nombre 1104 partout, mais que je sais qui établit le contact et que j'adore que cette personne me témoigne ainsi son amour et son soutien.

La numérologie et les nombres angéliques

Les nombres importants dans notre vie, comme notre date de naissance, peuvent nous aider à trouver la meilleure voie dans l'existence. Il s'agit d'un art divinatoire ancré dans l'intuition. Les nombres génèrent des schémas permettant d'être réceptif au langage de l'Univers, par l'intermédiaire duquel nos anges et nos guides spirituels communiquent avec nous chaque jour.

Lorsque nous avons fondé HeartCentric Divine Creations, nous avons commencé à relier les nombres angéliques aux pendules que nous créions. Cette direction est apparue à Lana dans un rêve. Remarquer ces nombres et interpréter les messages qu'ils véhiculent au moment de leur apparition est une autre façon d'entrer en relation avec la sagesse de l'Univers et avec soi-même. Les nombres ont **une signification vibratoire** particulière. Nous vous recommandons vivement de prendre le temps de nouer des liens avec votre pendule, d'explorer avec lui les nombres angéliques et de découvrir le divin qui sommeille en vous.

La numérologie

Il s'agit de l'étude des relations mystiques entre les nombres, les lettres et les schémas. Chaque nombre a sa propre vibration et sa propre signification dans cette discipline fascinante remontant à des millénaires et qui a une influence énergétique sur notre vie. Les nombres sont des symboles porteurs de vibrations énergétiques qui ont un impact sur nous à un niveau céleste. Il s'agit de l'une des pratiques qui vous permettra de découvrir votre sagesse intérieure et de vous connecter à votre intuition. Comme d'autres méthodes de divination, grâce à la numérologie, il est possible d'acquérir une connaissance plus approfondie de soi, des autres et de notre relation avec le monde. Votre **thème numérologique** contient des informations-clés révélant votre raison d'être et vous donnant un aperçu des possibilités à venir.

De nombreux érudits, scientifiques et chefs religieux croient que les nombres sont l'essence de toute chose. Pythagore, père de la géométrie, a fondé une école à Crotone, en Italie, où il enseignait à ses disciples que chaque nombre possédait une vibration et un ensemble de caractéristiques qui lui étaient propres. Cela l'a amené à attribuer à l'âme humaine neuf variations. Les nombres de 1 à 9 sont toujours utilisés en numérologie, auxquels sont réduits tous les autres, à l'exception de 11, 22, 33, des maîtres nombres. Par exemple, le nombre 10 est réduit à 1 (1 + 0 = 1), le zéro restant neutre ; et le nombre 45 est réduit à 9 (4 + 5 = 9)[6].

Bien que l'histoire profondément enracinée de la numérologie et de tout ce qu'elle regroupe soit un sujet trop vaste pour être traité dans ce livre, nous aborderons comment cette pratique divinatoire est liée aux nombres angéliques, et comment vous pourrez mieux vous comprendre personnellement en y recourant en compagnie de votre pendule. Le nombre le plus important parmi les principaux constituant la numérologie est sans doute celui de votre **chemin de vie**, qui révèle votre destin en fonction de la personne que vous êtes censée devenir et des défis qu'il vous faudra éventuellement relever pour apprendre et évoluer afin de l'incarner. Le site Numerology.com (www.numerology.com) nous dit : « Comprendre la signification du nombre correspondant à votre chemin de vie vous aide à comprendre pourquoi les choses se passent comme elles se passent et vous donne le pouvoir de traverser n'importe quelle situation en ayant une raison d'être et une intention. Le nombre correspondant à votre chemin de vie est non seulement le plus important de ceux qui sont fondamentaux, mais également le plus significatif dans l'ensemble de votre thème numérologique[7]. » Pour calculer le nombre de votre chemin de vie, réduisez votre date de naissance à un seul chiffre. Par exemple, pour le 11/10/1985, le nombre du chemin de vie est le 8. Décomposons comment le calculer.

11 (jour du mois) + 10 (mois) + 1985 (année)
Jour réduit : 1 + 1 = 2
Mois réduit : 1 + 0 = 1
1985 = 1 + 9 + 8 + 5 = 23, 2 + 3 = 5
2 + 1 + 5 = 8

Ne réduisez pas davantage le nombre de votre chemin de vie s'il correspond à 11, 22 ou 33, qui sont considérés comme des maîtres nombres et représentent une variation amplifiée de ceux dont ils sont issus. Ayant leurs propres significations et interprétations, ils impliquent un potentiel considérable de réussite juxtaposé à de plus grands défis. Ce ne sont pas les ouvrages et les informations qui manquent si vous souhaitez en apprendre davantage sur la numérologie et sur le nombre de votre chemin de vie. Nous vous recommandons notamment *La Numérologie pour débutants*[8] de Gerie Bauer.

Les fréquences vibratoires de chaque nombre du chemin de vie sont uniques et produisent divers effets en fonction de la personne. Puisque travailler avec un pendule exige de puiser dans nos fréquences vibratoires ainsi que dans celles qui nous entourent, les nombres angéliques et la numérologie sont des éléments essentiels dans notre pratique quotidienne.

Les nombres angéliques

Vous est-il arrivé de regarder l'horloge et de voir régulièrement s'y afficher 11:11 ? Avez-vous remarqué que vous voyez souvent 444 ou d'autres nombres répétitifs en général ? Vous demandez-vous ce qu'ils signifient ? Les nombres angéliques correspondent à une série de chiffres qui se répètent et que l'on voit se présenter un peu partout. Il est facile de négliger ces nombres séquentiels en pensant qu'il s'agit de coïncidences.

Cependant, étant donné qu'ils contiennent de puissants messages significatifs qui vous sont destinés, il est important d'y prêter attention. Les nombres angéliques sont étroitement « liés à la numérologie », dont ils sont considérés comme une « ramification[9] ». Certains pensent que ces nombres, ainsi que cette pratique, viennent de Pythagore, le philosophe grec à l'origine de nombreuses découvertes mathématiques et scientifiques, dont le théorème qui porte son nom. Cela signifie que les gens ont pris note de ces nombres et de leur profonde signification depuis le VIe siècle av. J.-C. ! Les nombres ont une considérable importance dans notre vie quotidienne, et parce qu'ils sont partout, nos anges et nos guides spirituels communiquent par ce moyen avec nous.

Vous pourrez exploiter le pouvoir des nombres angéliques et de votre pendule et l'appliquer à votre vie de tous les jours. Pour y parvenir facilement, il suffit de les remarquer. Si vous voyez l'un d'eux à plusieurs reprises, prenez le temps de vous arrêter, d'interpréter ce qu'il signifie et d'y réfléchir, car il s'agit de messages en provenance du monde spirituel. Prêtez attention à ceux associés aux nombres angéliques qui se présentent à vous. Si vous voulez aller plus loin dans l'interprétation des messages que vos anges vous transmettent ainsi, c'est le moment idéal pour travailler avec votre pendule. Commencez à poser des questions plus approfondies sur la pertinence d'un message en particulier pour votre vie à ce moment-là. Continuez à demander s'il y a quoi que ce soit de précis en fonction duquel il est nécessaire pour vous de passer à l'action. En cas de réponse négative, demandez-vous si c'est le bon moment de vous en remettre à l'Univers. Fiez-vous à votre sagesse intérieure en sachant que les conseils divins sont toujours à votre disposition.

Les nombres angéliques et leur signification

Nombre angélique 111 – Répondez à l'appel de votre âme et procédez aux changements qui vous rapprocheront de ce qui est vraiment essentiel pour votre évolution spirituelle. Ce nombre a trait à la manifestation. Il vous demande de focaliser vos pensées, vos sentiments et vos idées sur ce que vous voulez et d'être très attentif à ce qui se présente à vous. Si possible, concentrez-vous sur le positif et libérez-vous de ce qui ne vous sert plus, car vos pensées créent votre réalité. Si vous voyez ce nombre, sachez que vous vous créez la vie de vos désirs, alors n'attendez que les meilleurs résultats !

Nombre angélique 222 – Votre direction divine consiste à cesser de vous inquiéter. Tout se passe comme cela est censé se dérouler. Ayez confiance dans le fait que vous êtes sur la bonne voie. Des choses positives viennent à vous, ce que vous annonce ce nombre, qui vous indique par ailleurs que vous faites ce qu'il faut dans la vie. Il favorise également le bonheur, la bonne fortune et la joie. Voyez le bon côté des choses et réjouissez-vous. Vous êtes à une étape de votre vie où vous avez besoin d'un sentiment de paix, de confiance et d'équilibre. Si vous voyez ce nombre angélique, ce n'est pas une coïncidence. C'est un message divin de vos anges qui vous demandent d'y prêter attention.

Nombre angélique 333 – Vous êtes appelé à vous investir dans votre développement personnel et spirituel. Aidez les autres en leur faisant bénéficier de vos dons et de vos talents. Si vous remarquez souvent ce nombre, votre raison d'être correspond à ce sur quoi les anges vous demandent d'être attentif. Chacun vient au monde avec ses propres dons et talents. Il est important de déterminer ce dont il s'agit pour vous, personnellement, afin d'y recourir pour obtenir les meilleurs résultats pour tout le monde, vous y compris. Nous passons notre vie à comprendre quelle est la mission de notre âme, qu'elle nous soit apparente ou non. Ce nombre nous demande de développer notre raison d'être personnelle et de reconnaître que nous sommes prêts à le faire. L'Univers vous soutient toujours, alors faites confiance au processus sans laisser la peur vous faire obstacle.

Nombre angélique 444 – Vos anges gardiens sont proches et prêts à vous aider. Il vous suffit de les solliciter. Ce nombre confirme que vous êtes sur la bonne voie, que cela vous paraisse évident ou non. Si vous vous sentez abattu et prêt à laisser tomber, il se présente pour vous encourager à ne rien lâcher et vous faire savoir que vos anges sont aussi proches que possible de vous, vous ancrant et vous aidant à accomplir ce que vous avez entrepris. Ils vous demandent d'avoir confiance dans le fait que tout se passe comme prévu et de faire appel à eux si vous avez besoin d'un coup de pouce. Ce nombre angélique vous invite à reconnaître la valeur de la persévérance, alors ne renoncez pas en sachant que vous arriverez à destination dans le *timing* divin.

Nombre angélique 555 – Vous êtes sur le point de vivre des changements positifs et passionnants qui vont transformer votre vie. Nous faisons tous cette expérience. Parfois, il peut sembler intimidant, voire effrayant, de s'engager sur un terrain peu familier. Si vous voyez ce nombre, sachez que le changement qui s'annonce sera pour vous des plus bénéfiques. Prêtez attention aux conseils que vous recevrez de vos anges, de vos guides spirituels et de l'Univers, et soyez confiant que l'expérience que vous vivrez vous mènera vers une transformation positive.

Nombre angélique 666 – Bien que ce nombre ait acquis une mauvaise réputation, il signifie du point de vue spirituel que vos anges vous encouragent à réorienter votre attention. Cette séquence numérique pourrait se présenter pour vous faire savoir que vous sacrifiez trop de vous-même sur le plan de l'esprit, du corps ou de l'âme, et qu'il est temps de procéder à certains changements. Si vous parvenez à prendre du recul par rapport à la situation et à renoncer à votre besoin de contrôle, vous permettrez à la vie de se dérouler avec plus d'aisance. Il est temps de changer de perspective !

Nombre angélique 777 – Vos projets se font réalité. Restez positivement concentré et ouvert aux messages que vous transmet l'Univers. Le travail que vous avez accompli en vue de votre développement personnel porte ses fruits. Ce nombre vous rappelle de ne pas vous arrêter en si bon chemin, même si vous le suivez depuis un certain temps. Continuez à apprendre de vos expériences passées, et recourez-y également pour vous guider dans la gestion de votre présent et de votre avenir. Les enseignements que vous retirez de l'existence vous rapprochent de plus en plus de la manifestation de la vie de vos désirs.

Nombre angélique 888 – Il est temps de procéder à certains changements. Préparez-vous à accueillir les richesses à venir. Si vous voyez ce nombre, prêtez attention aux opportunités qui se présentent et qui pourraient vous mener sur la voie de l'abondance financière. Il est temps d'ouvrir votre cœur et votre esprit aux possibilités qui s'offrent à vous. Partagez vos dons et vos talents avec l'Univers, et il vous en récompensera par des cadeaux qui seront des plus extraordinaires.

Nombre angélique 999 – Il s'agit d'un nouveau départ vers une voie supérieure plus éclairée. Il est temps de prendre votre essor. Vous êtes toujours guidé et soutenu par l'Univers. Vos anges vous aident à clore un chapitre de votre vie afin que vous passiez au prochain qui vous mènera vers plus d'amour, de bonheur, d'abondance et de liberté. Laissez vos peurs de côté et abordez ce nouveau chapitre avec courage. Si vous avez besoin d'être accompagné par votre équipe divine de guides et d'anges, il vous suffit de les solliciter. Lorsque vous l'aurez fait, vous recevrez leurs conseils, mais soyez attentif, car vous ne savez jamais vraiment comment ceux-ci vont se manifester pour vous guider. Ayez simplement confiance qu'ils se présenteront au moment opportun.

Nombre angélique 1111 – Il est temps de trouver votre propre vérité et de l'aligner sur votre vie, vos pensées et vos actions. Si vous voyez à plusieurs reprises ce nombre magique, l'un des plus chanceux et des plus puissants, c'est que l'Univers vous confirme que vous êtes sur la bonne voie. Veillez à ce que vos pensées et vos actions soient toujours alignées sur votre vérité. Lorsque vous vivez en étant ancré dans votre vérité, votre équipe spirituelle travaille en coulisses pour vous propulser vers votre vie la plus heureuse. C'est la confirmation que vous pouvez continuer à progresser sur votre voie en faisant toute confiance à l'Univers.

Nous en avons appris davantage sur les nombres angéliques grâce au travail de l'enseignant spirituel Kyle Gray qui nous a beaucoup inspirées. Lorsqu'ils se présentent, nous avons la chance de recevoir de l'Univers des conseils, des informations ou une bénédiction. Nous aimons cette prière issue de *Élevez votre vibration* : « Merci, les anges, de me révéler ce que j'ai besoin de savoir[10] ! » Parce que les nombres angéliques et la numérologie sont respectivement un aspect d'un même système, ils nous prodiguent des conseils et nous apportent la clarté si nous y sommes réceptifs. Alors que les nombres angéliques souhaitent nous transmettre un message à un moment donné, la numérologie nous permet de mieux nous connaître grâce à l'introspection, d'approfondir notre parcours spirituel et de comprendre ce que nous avons à accomplir au cours de cette vie.

Effectuez l'exercice amusant qui suit pour découvrir quels sont les meilleurs nombres angéliques pour travailler de concert avec votre pendule.

Exercice
LES NOMBRES ANGÉLIQUES ET VOTRE PENDULE

Après vous être ancré et vous être fixé une intention, utilisez le diagramme suivant pour demander à votre pendule avec quel nombre angélique travailler afin de recevoir les conseils pour vous guider au mieux dans votre situation ou répondre à votre question.

- Tenez votre pendule au-dessus du centre du diagramme et dites : « S'il te plaît, montre-moi quel nombre détient les conseils dont j'ai besoin en ce moment. »
- Laissez le pendule se mettre en mouvement vers un nombre figurant sur le diagramme.
- Si vous n'êtes pas sûr du nombre qu'il indique plus particulièrement, demandez-lui de le confirmer. Par exemple, si cela se situe entre les nombres 222 et 333, demandez-lui : « 222 est-il le meilleur nombre pour moi en ce moment ? » Si vous obtenez un « non », demandez-lui si 333 est le bon. Vous devriez recevoir rapidement votre réponse.

Référez-vous à la signification de ces nombres angéliques pour comprendre les messages qu'ils véhiculent. Fiez-vous à votre intuition et, si vous avez encore besoin d'éclaircissements, posez d'autres questions à votre pendule et veillez à interpréter correctement les messages.

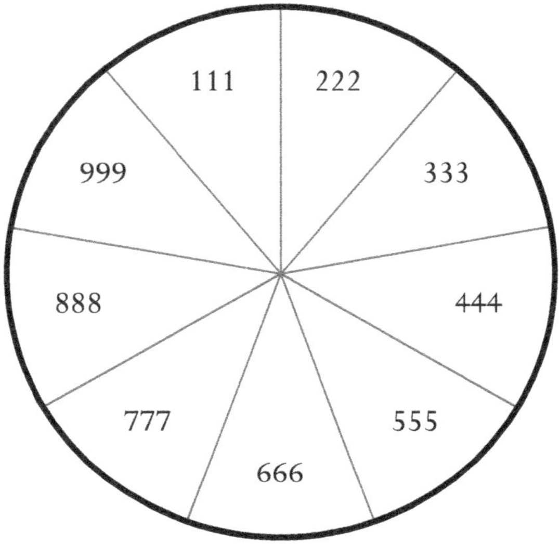

Diagramme des nombres angéliques

Les diverses pratiques divinatoires

Si vous êtes en quête de clarté et de conseils pour vous orienter, le tarot, l'oracle, les runes, la numérologie et bien d'autres arts divinatoires, utilisés en association avec votre pendule, vous permettront de découvrir certaines informations sur votre passé, votre présent et votre avenir, ainsi que d'identifier les obstacles et les défis éventuels et de déterminer la direction à suivre. Agir d'une manière que vous – ou votre moi supérieur – validez vous donne plus de pouvoir pour passer à l'action.

Tarologie et oracles

La tarologie, un art divinatoire qui vous permet de vous connecter à votre moi supérieur et à votre intuition, peut vous aider à suivre la meilleure voie possible et à vivre en accord avec votre karma. À la base, le tarot divinatoire est traditionnellement composé de soixante-dix-huit cartes – vingt-deux arcanes majeurs et cinquante-six arcanes mineurs – où figurent des personnages et des archétypes, et qui représentent un voyage auquel nous pouvons nous identifier en tant qu'êtres humains car, depuis notre naissance, nous suivons tous notre propre chemin. Elles sont à disposer en fonction de toute une gamme de tirages.

Le tarot vient à l'origine d'Europe au xve siècle et a eu une riche histoire et des adeptes dans de nombreuses civilisations. Il peut être simple ou complexe. Alors qu'à l'origine, c'étaient de magnifiques œuvres d'art peintes à la main, les tarots se déclinent de nos jours en autant de styles qu'il est possible d'imaginer. Ce qui différencie principalement le tarot des cartes oracle, c'est qu'il a des structures et des règles prévisibles, alors qu'elles n'ont pas de nombres ni de structures fixes. Les cartes du tarot sont généralement interprétées en fonction d'une structure standard et une interprétation commune. Les oracles présentent n'importe quel type de contenu et peuvent comporter autant de cartes que l'a souhaité leur créateur, généralement entre trente-six et soixante-quatre. On peut considérer les cartes de tarot comme les pages d'un livre illustré, chacune d'elles représentant un chapitre de l'histoire. Les cartes oracle correspondent quant à elles au chapitre entier, transmettant ainsi l'histoire en plus grand détail. La façon dont vous choisissez d'effectuer votre pratique du tarot ou de l'oracle, comme toute autre étape de votre voyage spirituel, dépend essentiellement de vous. Explorez, pratiquez et amusez-vous !

Comment utiliser votre pendule en association avec le tarot ou l'oracle

Si vous êtes à la recherche d'un tarot divinatoire ou d'un oracle, un pendule sera fantastique pour vous aider à choisir celui qui vous conviendra le mieux. Tenez-le simplement au-dessus du jeu que vous envisagez de vous procurer et demandez-lui s'il s'agit de celui qui vous est le mieux adapté. Si vous obtenez un « non », passez à un autre jeu qui vous attire et reposez la question. Très vite, vous serez l'heureux propriétaire de cartes divinatoires qui vous conviendront parfaitement pour le moment.

Si vous possédez plusieurs jeux et que vous voulez savoir avec lequel travailler, demandez à votre pendule de vous l'indiquer. Posez simplement cette question : « Est-ce dans mon intérêt de travailler avec ce jeu en ce moment ? » Votre pendule vous permettra également de déterminer le nombre de cartes à tirer si vous n'en êtes pas sûr. Demandez-lui simplement : « Est-ce idéal de ne tirer qu'une carte aujourd'hui ? » Si vous obtenez un « non », continuez à poser la question pour déterminer le nombre de cartes à tirer, jusqu'à ce que votre pendule vous indique un « oui ».

Si vous n'êtes pas sûr de quelles cartes tirer, il vous aidera aussi. Étalez-les devant vous. Demandez à votre pendule de vous indiquer un « oui » lorsqu'il passe au-dessus de la meilleure carte à tirer. Tenez-le au-dessus de vos cartes et déplacez-le lentement jusqu'à ce que vous le voyiez osciller dans la direction correspondant à « oui », signalant que c'est celle à tirer.

Une autre excellente façon d'utiliser votre pendule consiste à demander confirmation que vous avez compris les conseils venant de la carte. Après l'avoir tirée et en avoir interprété le message, posez à votre pendule une série de questions sur les conseils qui se sont ainsi présentés. N'oubliez pas de vous y fier, ainsi qu'au processus. Si le message n'est pas clair à ce moment-là, revenez-y plus tard dans la journée ou le lendemain pour le clarifier un peu plus grâce à votre pendule. La clarté se manifestera dans le *timing* divin.

Les runes

Cette autre forme ancienne d'oracle permet de se connecter à son moi supérieur et d'accéder aux conseils venant de l'intérieur pour procéder à la divination. L'alphabet runique le plus connu, le *Elder Futhark* ou « vieux Futhark », comporte vingt-quatre caractères. Les runes, une pratique ancestrale entourée de mystère, ont été élaborées avant que les gens ne sachent lire et écrire, ce qui explique pourquoi on leur a attribué une multitude d'interprétations et de significations.

Talisa et Sam mentionnent sur leur blog Two Wander : « Les runes constituent un excellent moyen de puiser dans notre intuition, d'accéder à notre voix intérieure et de pratiquer la divination. Traditionnellement, elles étaient lancées en multiples de 3, ou tout du moins en nombres impairs. Quelques tirages à 5 runes sont le plus souvent utilisés, ainsi que deux tirages à 7 et 9 runes, et un tirage à 24 runes généralement effectué en début d'une nouvelle année – qu'il s'agisse de votre date d'anniversaire, du solstice d'hiver ou du Nouvel An – afin de savoir ce qu'elle vous réserve[11]. » Bien qu'il y ait toute une diversité de tirages de runes, vous pourrez commencer par n'en tirer qu'une pour obtenir en réponse un « oui » ou un « non », ou une impression de la journée.

Associez votre pendule à votre pratique des runes. Une façon de procéder consiste à les lancer sur une surface puis à sélectionner grâce à votre pendule celles à interpréter et dans quel ordre. Comme pour le tarot, demandez-lui de confirmer si ce que vous interprétez est exact. En faisant preuve d'imagination, il n'y a aucune limite pour créer votre propre tirage de runes. Découvrez la méthode qui vous convient le mieux.

Les synchronicités et autres signes de l'Univers

Si vous êtes en alignement sur l'Univers, vos guides spirituels, vos anges et votre moi supérieur continueront à vous transmettre des messages et des signes pour vous confirmer que vous êtes sur la bonne voie. La synchronicité, telle que la définit Carl Jung, est « l'occurrence significative de deux ou plusieurs événements dans laquelle intervient quelque chose d'autre que la probabilité du hasard[12] ». Par exemple, vous recevez un appel d'une amie infirmière alors que vous étiez sur le point de lui téléphoner pour lui demander conseil au sujet d'un parent souffrant. Ou vous venez de rencontrer un vidéaste génial au moment même où vous cherchiez quelqu'un pour vous aider à réaliser des vidéos pour votre travail. Considérez ces synchronicités comme la confirmation que vous êtes sur la meilleure voie menant à la guérison et à l'épanouissement personnel.

Comment savoir si ce que vous vivez est vraiment une synchronicité plutôt qu'une pure coïncidence ? C'est là que votre pendule peut vous aider. Il vous suffit d'être réceptif à votre intuition en posant la question.

Les signes transmis par l'Univers se manifestent autrement que par des nombres angéliques ou des synchronicités, comme par l'intermédiaire d'un animal, d'une fleur, d'une chanson ou encore dans un rêve. Si vous n'êtes pas sûr à quoi correspond votre signe, posez la question. Selon Gabby Bernstein, auteure de livres classés dans les meilleures ventes par le *New York Times*, enseignante spirituelle et conférencière en motivation : « Vous pouvez demander un signe qui vous guidera vers tout ce que vous désirez. Si vous n'êtes pas sûr d'une décision ou si vous voulez simplement savoir si vous êtes sur la bonne voie, demandez un signe. Et ne vous préoccupez pas de savoir ce qu'il sera. Choisissez simplement la première chose qui vous vient à l'esprit. » Gabby recommande également : « Une fois que vous avez demandé à quoi correspond votre signe, l'étape suivante est cruciale. Vous devez remettre votre désir à l'Univers en faisant cette prière : "Merci, l'Univers, de m'offrir la clarté. Montre-moi mon signe si je vais dans la bonne direction." Ensuite, soyez patient[13]. »

Si vous êtes en phase avec l'Univers et que vous recevez votre signe, il sera clair comme de l'eau de roche. Vous ne le raterez pas. Considérez-le comme un cadeau et remerciez l'Univers pour son soutien. Au fil du temps, vous remarquerez que votre ou vos signes se manifestent sans cesse. Lorsque cela se produira régulièrement, faites une pause à cet instant, prêtez attention et réfléchissez. Il se peut que l'Univers vous envoie un message. Que faisiez-vous à ce moment-là ? À quoi pensiez-vous ? Si le message que vous venez de recevoir n'est pas clair pour vous, c'est le moment de poser des questions à votre pendule.

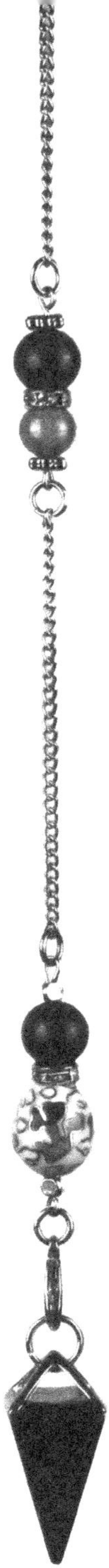

Chapitre 6
APPLICATIONS PRATIQUES

L'utilisation que l'on fait du pendule est si vaste que l'on pourrait se demander pourquoi on n'y recourt pas plus souvent. Dans ce chapitre, nous allons explorer quelques-unes de ses applications pratiques que vous pourrez intégrer dans votre vie quotidienne. Au cours de votre journée, vous êtes constamment confronté à des décisions à prendre, qu'elles soient majeures ou non, ou aussi anodines que « Est-il préférable de manger des crêpes au petit déjeuner aujourd'hui ? », ou plus importantes, telles que « Est-il dans mon intérêt de déménager à New York cette année ? ». Que vous soyez un expert dans l'art de prendre des décisions avec assurance ou que vous ayez tendance à être indécis, votre EAO vous aidera tous les jours si vous pensez à l'utiliser. Dans l'appendice à la fin de ce livre, vous trouverez une feuille de planification de séances avec le pendule pour vous aider dans votre préparation.

Examinons quelques domaines-clés où vous pourriez découvrir que le pendule vous est d'une grande utilité : la guérison énergétique, les relations, les affaires/la carrière, les finances, l'établissement de priorités, la recherche d'objets perdus, les voyages et les animaux de compagnie.

Purifier l'énergie

L'énergie vibre partout. Elle est autour de nous, en nous, se diffusant et étant reçue constamment. Comme vous êtes **un être électromagnétique**, vos expériences et vos relations attireront des fréquences faisant écho aux vôtres. C'est pourquoi il est important d'être au cœur des vibrations les plus élevées que votre corps peut assimiler et en être entouré. Parfois, nous sommes conscients des énergies positives autour de nous, comme les bonnes vibrations venant d'une personne heureuse d'avoir décroché le travail de ses rêves. Souvent, nous sommes également sensibles aux ondes négatives que nous transmet quelqu'un de mauvaise humeur. Nous n'en sommes pas toujours conscients, mais lorsque l'énergie s'accumule autour de nous, elle stagne et peut devenir négative, et en y étant exposés, nous commençons à nous sentir déprimés et déstabilisés, ce qui peut avoir des conséquences sur le plan physique, mental et émotionnel. Le pendule est un outil extraordinaire qui vous permettra **de purifier et d'éliminer les énergies indésirables** afin de vous aligner sur votre meilleur moi, le plus enjoué.

Les chakras : vos batteries spirituelles

Nous sommes bien plus qu'un corps physique. Nous sommes de l'énergie. À l'intérieur de notre aura – le champ énergétique subtil qui nous entoure et nous protège – se trouvent **sept centres d'énergie** : les chakras. Ils sont liés à nos aspects émotionnel et spirituel, ainsi qu'à notre bien-être général. Nous aimons notamment recourir à notre pendule pour déterminer quels chakras sont déséquilibrés ou bloqués et les ouvrir. Les débloquer est important pour se sentir stable et dans le flow. Vous pourrez également le faire, pour vous comme pour les autres. Dans l'exercice suivant, nous allons vous expliquer comment procéder. Mais tout d'abord, voyons ce que sont les chakras et comment ils fonctionnent.

Chakra signifie « roue » en sanskrit, et désigne sept centres d'énergie majeurs répartis au centre de notre corps, de la base de notre colonne vertébrale au sommet de notre tête. Cette force vitale permet à notre énergie de circuler librement dans notre corps. En sanskrit, cette énergie est appelée « *prana* ». Chaque « roue » tourne constamment et est associée à une diversité d'états de santé, d'expressions et de capacités.

Considérez que vos chakras correspondent à vos **batteries spirituelles**. Lorsqu'elles fonctionnent toutes au mieux, vous vous sentez plus équilibré et en phase avec la vie. Mais si elles sont trop chargées ou manquent d'énergie, cela peut se manifester par des signes de fatigue ou de déséquilibre, ce qui peut altérer votre santé sur le plan physique, mental et émotionnel. Par exemple, si votre chakra de la gorge manque d'énergie, vous pourriez avoir des difficultés à exprimer votre vérité ou d'autres particularités qui s'y rapportent. Les chakras sont dynamiques et, en tant que tels, nous pouvons nous attendre à des déséquilibres – très probablement au quotidien. C'est normal. Le corps, l'âme et le mental étant interconnectés, les chakras déséquilibrés peuvent s'affecter mutuellement et c'est la raison pour laquelle il est important de vérifier que les vôtres tournent avec régularité. Votre pendule est un excellent outil pour déterminer où vos batteries spirituelles manquent d'énergie et les recharger. Lorsque vous l'aurez fait, vous vous sentirez plus léger, plus en phase avec vous-même et beaucoup mieux dans l'ensemble.

Les sept chakras

Les sept chakras principaux : les bases

Le chakra racine

Situé à la base de la colonne vertébrale, il représente les fondations et permet de se sentir ancré et connecté à la terre. Il gouverne la survie, la sécurité financière, la stabilité et la capacité de surmonter les épreuves. Il est associé à l'élément Terre et à la couleur rouge.

Le chakra sacré

Situé à cinq centimètres environ sous le nombril, il gouverne le plaisir, l'énergie sexuelle, la créativité, le sentiment de bien-être et l'abondance. Il est associé à l'élément Eau et à la couleur orange.

Le chakra du plexus solaire

Situé dans la partie supérieure de l'abdomen, il gouverne la confiance, l'amour-propre et l'estime de soi. Il est associé à l'élément Feu et à la couleur jaune.

Le chakra du cœur

Situé au centre de la poitrine, juste au-dessus de l'organe vital, il représente la capacité à donner et à recevoir de l'amour. Il est associé à l'élément Air et à la couleur verte.

Le chakra de la gorge

Situé dans la gorge, il est lié à la capacité de communiquer avec sincérité, à la façon dont on s'exprime, notamment en faisant part de ce qui est notre vérité, ainsi qu'à l'influence que l'on exerce sur autrui. Il est associé à l'élément Éther et à la couleur bleue ou turquoise.

Le chakra du troisième œil

Situé sur le front, entre les yeux, il représente la capacité de voir au-delà de la situation actuelle et de se connecter à sa sagesse intuitive. Il est associé à la Lumière et à la couleur indigo.

Le chakra coronal

Situé au sommet de la tête, il gouverne la connexion au Divin. Il est associé à la Conscience divine et à la couleur violette[1].

Exercice

ÉQUILIBREZ VOS CHAKRAS POUR PURIFIER VOTRE ÉNERGIE

De nombreuses approches complexes permettent de favoriser la santé des chakras. Nous effectuons cet exercice simple pour les équilibrer et les guérir à l'aide du pendule, ce que vous pourrez pratiquer sur vous-même si vous vous sentez déséquilibré ou affaibli sur le plan vibratoire. Pour obtenir les meilleurs résultats et les vibrations les plus élevées, il est important d'intégrer vos intentions à la méthode de purification et d'ouverture des chakras.

Comment vérifier s'il y a des déséquilibres ou des blocages ?

1. Commencez par suivre le procédé initial de préparation : entrez intimement en relation avec vous-même et indiquez la source d'où vous aimeriez que vos réponses vous parviennent. Ancrez-vous et calibrez votre pendule pour confirmer quel mouvement correspond à « oui » ou à « non ».
2. Maintenant, vérifiez chaque chakra. En vous référant à l'illustration page 119, en commençant par le chakra racine (ou de la base), tenez le pendule juste au-dessus en demandant s'il est ouvert. Dites

simplement : « Mon [nom du chakra] est-il ouvert ? » Si vous n'avez pas l'illustration sous les yeux, visualisez la couleur associée à chaque disque en rotation en posant la question.

3. Votre pendule vous indiquera un « oui » ou un « non ». S'il reste immobile, cela pourrait signifier que le chakra est complètement bloqué.
4. Demandez si chacun des sept chakras est ouvert en procédant l'un après l'autre, jusqu'au chakra coronal.
5. Notez les chakras pour lesquels vous avez reçu un « non » en réponse. Si nécessaire, ayez un stylo et du papier à disposition.

Après avoir vérifié les sept chakras, il est temps d'ouvrir ceux qui sont déséquilibrés ou bloqués.

Comment ouvrir les chakras ?

1. Programmez maintenant votre pendule afin qu'il vous indique la direction dans laquelle il bouge pour éliminer l'énergie stagnante ou indésirable, par exemple : « Montre-moi le mouvement pour éliminer l'énergie indésirable afin d'ouvrir et de purifier mes chakras. » Dans la plupart des cas, il s'agira d'un cercle dans le sens antihoraire qui indiquera que le chakra est déséquilibré ou restreint, ou si le pendule reste immobile, qu'il est bloqué. Cependant, ce mouvement pourrait être différent dans votre cas, c'est pourquoi il est important de demander à votre pendule de vous montrer précisément ce qu'il en est.
2. Demandez-lui maintenant de vous montrer le mouvement correspondant au fait de bien retenir l'énergie positive. Généralement, il se produit dans le sens horaire. À nouveau, demandez à votre pendule de

vous montrer le mouvement adapté à votre pratique personnelle.

3. Vous souvenez-vous du mouvement indiquant la purification ? Si ce n'est pas le cas, demandez à votre pendule de vous en refaire la démonstration. Tenez-le ensuite au-dessus du chakra déséquilibré et demandez-lui de le purifier.
4. Laissez le pendule commencer à tourner. Visualisez que l'énergie indésirable quitte votre corps à partir de la zone où vous la ressentez, tout en laissant le pendule se balancer. Regardez-le se déplacer dans la direction indiquant la purification jusqu'à ce qu'il s'arrête. Pour nous, les auteures, le mouvement visant à éliminer l'énergie stagnante ou les blocages suit le sens antihoraire. C'est le cas pour la plupart des praticiens de notre connaissance, mais n'hésitez pas à tester ce qu'est précisément pour vous ce mouvement lorsque vous commencerez à vous familiariser avec votre pendule.
5. Laissez-le purifier le chakra jusqu'à ce qu'il s'arrête de lui-même. Faites maintenant un mouvement de balancier émettant un léger bruissement pour évacuer toute énergie négative, stagnante, ou tout déséquilibre énergétique. Puis visualisez cette énergie négative en train de sortir ou de s'échapper par une fenêtre. Remerciez et effectuez le même rituel pour le chakra bloqué suivant.
6. Une fois que vous aurez terminé d'ouvrir chaque chakra restreint ou bloqué, posez ce type de questions pour chacun de ceux que vous avez purifiés et ouverts : « Mon chakra racine est-il ouvert à présent ? » ; « Mon chakra du cœur est-il ouvert à présent ? » Si vous obtenez un « oui » pour chacun d'entre eux, vous êtes fin prêt. Si vous obtenez un « non », poursuivez pour purifier le chakra qui en a encore besoin.

Bien retenir l'énergie purifiée et positive

Lorsque tous vos chakras sont ouverts, il vous faudra bien retenir l'énergie positive.

1. Tenez le pendule au-dessus de chaque chakra que vous avez purifié et dites : « S'il te plaît, retiens bien l'énergie aimante et positive pour le plus grand bien de tous et mon plus grand bien. » Formulez-le à votre façon pour y accueillir l'énergie positive.
2. Laissez le pendule se mettre en mouvement dans la direction indiquant l'énergie purifiée et positive jusqu'à ce qu'il s'arrête de lui-même. Généralement, le mouvement suit le sens horaire, ce qui indique que l'énergie circule librement et qu'il n'y a plus de déséquilibre. Comme auparavant, veuillez tester le mouvement adapté lorsque vous commencez à vous familiariser avec votre pendule.
3. Remerciez et effectuez le même rituel pour le chakra suivant qui a été ouvert.
4. Terminez en exprimant votre gratitude à la source qui résonne en vous – votre moi supérieur, l'Univers, vos guides spirituels, vos anges, vos maîtres ascensionnés, etc.

L'ouverture des chakras apporte de nombreux bienfaits, le plus important étant que votre énergie circule librement dans le corps et l'esprit. Après cet exercice de purification des chakras et au cours des deux jours suivants, vous devriez vous sentir plus léger, connecté et équilibré, avec une énergie plus positive. Le fait d'éliminer ce qui vous dessert vous procure un sentiment de calme et d'intention focalisée physiquement, mais aussi émotionnellement et spirituellement. Hydratez-vous bien et nourrissez-vous bien pour continuer à en ressentir les bienfaits.

Exercice
ÉQUILIBREZ ET OUVREZ LES CHAKRAS POUR AUTRUI

Une fois que vous aurez maîtrisé la purification de vos chakras, vous serez peut-être intéressé d'aller plus loin dans l'exercice de purification de l'énergie en aidant les autres dans ce sens. Vous pourrez utiliser votre pendule pour ce faire, à condition que les personnes concernées vous donnent leur accord. Suivez les mêmes étapes que pour le travail en solitaire sur les chakras, en adaptant l'exercice en fonction de ce qui suit.

1. Commencez par effectuer le procédé initial de préparation. Le faire ensemble vous permettra potentiellement et puissamment de vous rapprocher.
2. Demandez à votre ami de s'allonger, de se concentrer sur son corps afin d'essayer de localiser précisément où il ressent l'énergie indésirable.
3. Passez votre pendule au-dessus de chacun de ses chakras, en remontant du chakra racine au coronal. Pour chacun d'eux, demandez : « Le chakra racine de [prénom de votre ami] est-il ouvert ? » Votre pendule vous répondra par « oui » ou « non », ou s'arrêtera au-dessus de celui qui nécessite une attention particulière.
4. Ensuite, suivez les étapes concernant l'ouverture des chakras (p. 122) et suivez celles pour bien y retenir l'énergie positive (p. 124).
5. Lorsque tous les chakras sont ouverts et que vous y avez accueilli la bonne énergie, n'oubliez pas de conclure en exprimant votre gratitude à la source qui résonne en vous ou en votre ami.

Cet exercice peut être effectué virtuellement pour quelqu'un, avec son autorisation. Celui permettant d'équilibrer les chakras demande de la concentration et un accord sincère avec soi-même et avec la personne que vous allez aider. Vous allez contribuer à sa guérison grâce à votre pendule. C'est génial, non ?

L'aura : le champ énergétique protecteur

L'aura est un puissant **champ énergétique invisible** qui enveloppe chaque être vivant à tout moment. En vous assurant que votre aura est saine et intacte, vous contribuez à votre bien-être général sur le plan physique. Si elle est endommagée, il est possible de le détecter à l'aide du pendule. L'aura s'étend au-delà du corps physique. Il s'agit d'un champ magnétique qui **capte les émotions des autres** et les circonstances qui vous entourent. Dans des situations stressantes, cela risque d'affaiblir le champ aurique ou d'y causer des déchirures. En conséquence, on devient plus irritable, plus déprimé, plus fatigué et dépourvu d'énergie. On risque même de tomber malade en raison d'un système immunitaire affaibli. Si vous ressentez une émotion forte récurrente, comme la colère ou l'anxiété, cela pourrait indiquer que vous y êtes resté bloqué, le résultat d'une déchirure éventuelle dans votre champ aurique.

Certaines personnes peuvent voir et identifier rapidement les dommages dans l'aura des autres. Si vous ne pouvez pas les voir, il vous sera néanmoins possible de les localiser en procédant à un balayage corporel à l'aide de votre pendule. Pour balayer ainsi votre propre champ aurique, vous pourrez utiliser un dessin représentant le contour d'un corps. Votre aura s'apparente à une bulle qui s'étend jusqu'à un mètre environ au-dessus et en dessous de vous, devant et derrière vous, et de part et d'autre de vous, la partie endommagée pouvant être de ce fait plus ou moins éloignée de votre corps. Après avoir identifié celle qui a besoin de soins, afin de remédier aux déchirures, vous pourrez recourir à une technique avec votre pendule s'apparentant à celle qui permet d'ouvrir les chakras[2].

Exercice

SOIGNEZ L'AURA

Calibrez votre pendule pour qu'il vous montre dans quelle direction il se déplace pour remédier aux déchirures dans votre aura, en lui demandant par exemple : « Montre-moi le mouvement pour soigner les déchirures dans mon champ aurique. » Tenez-le ensuite au-dessus de la zone endommagée et demandez-lui d'y remédier. Laissez-le se mettre à tourner tout seul. Visualisez que le champ aurique se restaure pendant que vous le laissez faire. Recourez à votre imagination et sachez que l'image ou le sentiment, quels qu'ils soient, qui vous parvient, vous convient. Laissez-le en mouvement jusqu'à ce qu'il s'arrête. Lorsque vous aurez terminé, tenez votre pendule au-dessus de la zone que vous avez soignée et dites : « S'il te plaît, retiens bien l'énergie aimante et positive pour le plus grand bien de tous et mon plus grand bien. » N'oubliez pas d'exprimer votre gratitude après avoir terminé cet exercice. Vous pourrez pratiquer cette technique sur quelqu'un ou vous-même. Nous vous recommandons de vérifier et d'équilibrer régulièrement vos chakras et votre champ aurique afin de favoriser au mieux votre santé et votre bien-être.

Le nettoyage énergétique des espaces intérieurs

Notre lieu de vie et les endroits que nous visitons et où nous passons du temps peuvent contenir de l'énergie qui nous dessert. Il est possible de transformer nos espaces en havres de paix imprégnés d'énergie positive et de favoriser **des environnements énergétiques propices à la joie** et qui contribuent à notre bien-être général. Si vous venez d'emménager ou si vous avez vécu une transition majeure, nous vous recommandons vivement de purifier votre espace. Idéalement, commencez par le désencombrer avant de vous concentrer sur le nettoyage énergétique.

Voici quelques conseils sur la façon de procéder et de réénergiser votre environnement :

1. Fixez-vous l'intention de nettoyer l'espace de toutes les énergies qui ne vous servent pas, ou votre domicile afin de favoriser votre esprit créatif – par exemple, l'énergie négative qui pourrait vous empêcher d'avancer au mieux dans votre vie.
2. Ouvrez la fenêtre et purifiez l'espace par la fumée. Comme nous l'avons mentionné, nous vous recommandons de vous procurer un bâton de fumigation composé de plantes provenant de l'agriculture raisonnée ou écoresponsable, contenant par exemple de la lavande, du cèdre, du romarin, de la menthe, du pin ou de la mélisse, des plantes durables. Brûlez votre bâton de fumigation dans l'espace à purifier tout en récitant votre intention de le nettoyer des énergies indésirables.
3. Ancrez-vous en faisant le simple exercice d'ancrage présenté au chapitre 4. Ensuite, calibrez votre pendule afin de déterminer son mouvement pour répondre « oui » ou « non ».
4. Demandez-lui de vous montrer le mouvement qui permet de purifier l'énergie. Pour nous, il tourne dans le sens antihoraire. Après avoir établi celui correspondant pour vous à la purification de l'énergie, laissez votre pendule se mettre en mouvement pendant que vous répétez votre intention à voix haute ou mentalement. Visualisez l'énergie libérée et transmutée en éthers. Vous pouvez imaginer une lumière blanche, dorée ou rosée, ou toute autre image qui vous plaît – il n'y en a pas de bonne ou de mauvaise. Laissez cette énergie transformée se dissiper de votre espace, imprégnant ainsi tout votre être et votre environnement.
5. Lorsque vous avez fini de le purifier, votre pendule ralentira avant de s'arrêter. Visualisez à présent votre espace infusé d'une énergie positive et renouvelée. Quelle que soit la façon dont cela se manifeste pour vous, c'est parfait !
6. Ensuite, demandez à votre pendule de bien retenir l'énergie positive que vous êtes prêt à accueillir. Calibrez-le pour qu'il s'y engage. Par exemple, s'il se déplace dans le sens antihoraire pour

évacuer l'énergie indésirable, vous pourriez obtenir un mouvement circulaire dans le sens horaire pour bien retenir l'énergie positive. Réjouissez-vous de toute celle qui est en train d'être infusée dans votre espace, et quel que soit le mouvement que vous obtenez, prenez-en note. Laissez le pendule bouger pour bien retenir toute cette positivité jusqu'à ce qu'il ralentisse avant de s'arrêter.

7. Pour terminer, exprimez votre gratitude et remerciez pour leur aide votre moi supérieur, vos guides spirituels ou tout autre assistant qui vous a inspiré. Cette étape gratifiante est importante et il est recommandé de ne pas oublier d'y procéder. Félicitations ! Vous venez d'effectuer un magnifique rituel de purification énergétique de votre espace.

Apaiser votre esprit pour favoriser votre bien-être général

À l'ère de la technologie, des réseaux sociaux et de l'accélération de la vie telle que nous la connaissons, nous sommes pris d'un jour à l'autre dans toute cette agitation, ce qui nous incite à nous mettre en pilote automatique. Les médias nous bombardant d'infos particulièrement anxiogènes, ce mode de vie peut nuire à notre bien-être général en ayant des conséquences sur le plan physique, mental et émotionnel. Grâce au pendule, il est possible de ralentir, de réfléchir et d'entrer profondément en relation avec soi-même. C'est un excellent outil pour faire ralentir les ondes cérébrales et atténuer le bruit mental. Il nous permet potentiellement de faire une pause et de nous ressourcer. Afin de mieux comprendre comment un pendule peut contribuer à votre bien-être général en modulant à la baisse vos ondes cérébrales, penchons-nous plus avant sur les cinq états correspondant à celles-ci.

Les cinq types d'ondes cérébrales

- Les **ondes gamma**, les plus élevées, correspondent à l'état associé à la concentration et à la perspicacité, et s'activent généralement lorsque le cerveau se concentre et assimile.
- Les **ondes bêta** correspondent à l'état que connaît le plus souvent notre cerveau, nous permettant de nous concentrer et étant essentielles pour la lecture, l'écriture et la sociabilité.
- Les **ondes alpha** correspondent à l'état de détente, par exemple en prenant un bain ou en se préparant à aller se coucher.
- Les **ondes thêta** correspondent à l'état méditatif également associé au flow hypnotique qui donne lieu à une performance optimale, ou à un mode pilote automatique pour faire ce que l'on a fait de manière répétée dans le passé, par exemple conduire une voiture. En étant dans un état suscité par ces ondes, on permet à des idées et des solutions de se présenter parce que l'esprit ne traite pas le bavardage mental bruyant qu'on a pris l'habitude d'écouter quasiment toute la journée.
- Les **ondes delta** correspondent à l'état où l'on fait l'expérience d'un sommeil profond, réparateur et sans rêve[3].

Explorons plus avant l'état que suscitent les ondes thêta. Le Dr Joe Dispenza en résume admirablement les avantages. Ses recherches de pointe, menées en collaboration avec le HeartMath Institute, ont révélé que l'entraînement de notre cerveau vers un autre état d'esprit plus cohérent nécessite que l'inconscient, où se situe notre système nerveux autonome, prenne le relais[4]. Cela ne peut se faire par la force de volonté de l'esprit conscient. Le système nerveux autonome est notre système d'exploitation qui est en fait aux commandes et contrôle l'ensemble de ces schémas. Par conséquent, plus vous êtes immergé dans les ondes thêta, plus vos ondes cérébrales ralentissent, ce qui permet à votre système nerveux autonome de prendre le contrôle[5].

La guérison physique se produit lorsque le corps atteint un profond niveau de relaxation et que le système nerveux sympathique en action passe le relais au système nerveux parasympathique. L'état que suscitent les ondes thêta contribue également à la libération d'hormones qui restaurent notre système immunitaire. En outre, cet état active l'hémisphère droit de notre cerveau, le siège de notre créativité. C'est à ce moment-là que des solutions innovantes se présentent, ainsi que des inspirations et de nouvelles idées.

La méditation thêta

Selon le National Center for Complementary and Integrative Health (« Centre national de la médecine complémentaire et intégrative »), « le terme "méditation" fait référence à une diversité de pratiques axées sur l'intégration du corps et du mental qui permettent d'apaiser l'esprit et de favoriser au mieux le bien-être général. Certaines pratiques de méditation consistent à maintenir sa concentration sur une sensation en particulier, comme la respiration, un son, une image ou un mantra, c'est-à-dire un mot ou une phrase répétée. D'autres formes de méditation incluent la pratique de la pleine conscience, qui consiste à maintenir l'attention ou la conscience dans l'instant présent sans porter de jugement.[6] » En termes simples, la pratique régulière de la méditation permet de mieux dormir, d'être plus productif et d'atténuer le niveau de stress, ainsi que d'apaiser l'esprit hyperactif.

La méditation thêta consiste à vous détacher mentalement de vos pensées afin de focaliser votre attention sur les images ou les symboles émergeant de votre inconscient. Votre esprit est complètement détendu et vous êtes immergé dans votre monde intérieur. Atteindre l'état que suscitent les ondes thêta apporte **la guérison nécessaire** à notre esprit et à notre corps. Avec autant de bienfaits, pourquoi ne pas essayer d'accéder à cet état aussi souvent que possible ? En prenant le temps d'y parvenir au cours de la journée, vous serez en mesure de régénérer votre esprit et votre corps, de stimuler votre créativité et de bénéficier d'un regain d'énergie.

Exercice
LA MÉDITATION THÊTA

Prenez votre pendule et faites cet exercice pour parvenir à cet état calme, détendu, que suscitent les ondes thêta. Choisissez une musique apaisante, allumez une bougie, fermez la porte et mettez-vous au travail. Au lieu de poser des questions à votre pendule, concentrez-vous sur votre souffle et laissez-le bouger en relation avec votre énergie. Observez son mouvement et remarquez que votre esprit se détend et se libère du bavardage mental. Laissez la relaxation s'installer en regardant votre pendule en mouvement. Continuez à vous concentrer sur votre souffle et remarquez les pensées, les informations ou les conseils qui vous viennent à l'esprit. Il pourrait s'agir d'une inspiration créative, d'une solution à un problème, d'une réduction de votre stress ou d'un autre bienfait significatif. Enregistrez dans un journal ce qui se présente à vous ainsi, c'est-à-dire vos pensées, vos sentiments et les « téléchargements » que vous recevez. L'état que suscitent les ondes thêta et dont votre esprit fait l'expérience à l'aide de votre pendule est un merveilleux moyen, qui plus est bon pour la santé, de commencer ou de terminer votre journée, ainsi que de vous ressourcer à la mi-journée. Accédez à votre sagesse et à l'intelligence universelle en profitant d'un moment de bien-être en toute tranquillité.

HISTOIRE : UNE AIDE POUR LA SANTÉ MENTALE ET LE BIEN-ÊTRE

Au fur et à mesure de notre progression dans notre cheminement en compagnie du pendule, nous avons eu la joie et le plaisir de constater combien cet outil peut être bénéfique pour guérir. Le Pride Institute propose à la communauté LGBTQ + de Minneapolis « un lieu inclusif, ouvert, dédié au rétablissement par le biais d'un traitement de l'abus de substances basé sur des faits prouvés, ainsi qu'à la santé sexuelle et à la santé mentale[7] *». Un ami, membre du personnel de cet institut depuis* *plus de dix ans, était convaincu que nous avions quelque chose de très précieux à offrir aux patients qui y sont accueillis. Voici l'histoire d'une guérison dont nous avons été témoins :*

Lorsque nous sommes arrivées au Pride Institute, nous avions créé des pendules à offrir aux patients avec lesquels nous étions en contact. Ils en ont été ravis, tout comme d'apprendre à s'en servir. Nous avons commencé notre atelier par une méditation d'ancrage, invitant chaque participant à lâcher prise pendant l'heure suivante de tout ce qui occupait son esprit afin d'être pleinement présent. Ensuite, nous avons eu l'occasion de parler de notre parcours à la découverte du pendule et de la façon dont nous l'utilisons dans notre vie quotidienne. Comme nous sommes toutes deux des coachs de vie qualifiées, travailler avec cette communauté de patients débordants de vie et de curiosité était tout à fait naturel. Ils étaient très enthousiastes d'apprendre et d'essayer eux-mêmes leur pendule.

Ce fut un vrai plaisir de guider ce groupe d'une trentaine de personnes à s'y connecter. Leurs cœurs étaient si ouverts sur leur parcours vers la guérison, et elles étaient impatientes d'ajouter cet instrument si particulier à leur trousse à outils pour contribuer ainsi à se rétablir. L'expression d'étonnement sur leurs visages lorsqu'elles ont connecté leur énergie à leur pendule et l'ont vu bouger a été pour nous un incroyable cadeau. Nous pensons que toute personne prête à utiliser un pendule peut s'y connecter. Ce groupe l'a immédiatement adopté.

Au cours de l'atelier, nous avons pratiqué plusieurs techniques, en faisant aussi la démonstration de la vérification des chakras. Nous avions des volontaires qui voulaient savoir si leurs chakras étaient ouverts. Si les sept chakras le sont, l'énergie peut circuler librement dans le corps. S'il y a des blocages dans l'un ou l'autre des chakras, l'énergie négative provenant d'un traumatisme peut rester bloquée et entraîner des maladies. Les volontaires nous ont donné la permission d'ouvrir leurs chakras qui étaient bloqués. C'était instructif et gratifiant. Sans parler du fait que tous les participants à l'atelier ont pu commencer à pratiquer cette technique chez eux, en bonne voie vers le rétablissement.

> *Lorsque nous avons quitté le Pride Institute, nos cœurs étaient emplis d'amour et de gratitude à l'égard de cette communauté. Ils étaient très reconnaissants que nous leur ayons communiqué notre passion pour les pendules, et ils nous ont transmis des petits mots d'appréciation. Nous leur étions d'autant plus reconnaissantes de nous avoir accordé leur confiance pour les accompagner en leur présentant une petite étape sur leur parcours vers la guérison.*

Tester les sensibilités alimentaires

Il est possible grâce à votre EAO de déterminer les aliments qui vous conviennent le mieux ou ceux auxquels vous pourriez être sensible. Il est impératif d'obtenir **un bon équilibre nutritionnel** pour favoriser au mieux la santé et le bien-être. Votre pendule puise dans votre connaissance intérieure et peut vous aider à vous orienter vers une alimentation plus saine. Commencez dès maintenant en sortant du réfrigérateur ce que vous consommez habituellement. Par exemple, du fromage, au-dessus duquel vous tiendrez votre pendule en demandant s'il est bénéfique pour vous d'en manger. Votre corps vous répondra littéralement, car il sait au niveau cellulaire ce qui est bon pour lui. Vous verrez le pendule osciller entre le « oui » et le « non ». Si la réponse est « non », demandez si vous ne souffrez pas d'**une sensibilité alimentaire** à ce fromage en particulier. N'oubliez pas de consulter votre médecin traitant pour discuter de tout problème de santé ou de sensibilité alimentaire avant d'entreprendre de votre propre initiative tout autotraitement ou régime.

Un autre moyen amusant de déterminer quels aliments sont bons pour votre santé consiste à aller faire vos courses à l'épicerie avec votre pendule. Si vous n'avez pas peur qu'on vous y regarde bizarrement, tenez-le au-dessus des aliments que vous voulez acheter. En outre, vous pourrez vérifier si un aliment donné est frais ou sans additifs chimiques nocifs. Personnellement, nous aimons cette méthode parce que les clients sont curieux de ce que nous faisons, ce qui peut susciter une étincelle d'émerveillement chez eux, et les inciter à découvrir quelque chose de nouveau sur eux-mêmes, et nous pouvons poursuivre en leur faisant part de notre message promouvant le bien-être.

Si vous n'obtenez pas les réponses que vous cherchez dans un lieu animé comme une épicerie où il se passe beaucoup de choses, ne vous inquiétez pas. Testez ce que vous avez acheté dans le calme et la tranquillité de votre cuisine. Dressez la liste de tous les aliments bénéfiques pour votre corps pour la prochaine fois où vous irez à l'épicerie. Vous finirez par avoir un réfrigérateur bien garni de ceux qui vous apportent le plus d'énergie, de vitalité et de bien-être. Encore une fois, si vous identifiez des sensibilités alimentaires, nous vous recommandons de solliciter les conseils d'un médecin spécialiste et des tests plus approfondis.

Les tests d'allergies peuvent être effectués de la même manière. Commencez par demander à votre pendule si vous avez des allergies. Il vous répondra par « oui » ou « non ». Si vous avez l'intuition que vous souffrez d'une allergie en particulier, par exemple au pollen, demandez-lui de vous le confirmer. Continuez à poser des questions afin de mieux connaître votre corps. Ces données vous aideront potentiellement à déterminer les prochaines étapes à suivre, ou vous inciteront à consulter éventuellement un professionnel de santé afin d'améliorer votre environnement et votre régime alimentaire.

Les pendules pour les guérisseurs

Nous entendons souvent des histoires sur cet outil aussi précieux qu'utile qu'est le pendule pour les praticiens des arts de la guérison. Nous avons la chance d'avoir de nombreux amis dans la communauté des guérisseurs et nous adorons apprendre comment le pendule les aide à s'orienter dans leur vie quotidienne. Les praticiens de la médecine holistique s'en servent parfois pour établir des diagnostics et déterminer le meilleur traitement pour le patient. Pour ce faire, ils tiennent le pendule au-dessus de certaines parties de son corps et établissent ainsi comment il réagit. Cette méthode leur permet de détecter les zones problématiques potentielles, tant à l'intérieur qu'à l'extérieur du corps. Après avoir ainsi effectué un balayage corporel, lorsque le problème est identifié, le guérisseur tient généralement le pendule au-dessus de la zone affectée et active la guérison par le biais de l'intention, dont voici un exemple : « Je rétablis l'harmonie physique, mentale et émotionnelle pour favoriser au mieux la santé et le bien-être. » En laissant le pendule bouger tout en répétant l'intention, le processus de guérison s'amorce. Pour obtenir les meilleurs résultats, il est nécessaire que le thérapeute holistique et le patient restent neutres quant à ce qui en découlera et laissent le temps à la guérison de se produire, car il n'est pas réaliste de s'attendre à ce que cela soit immédiat. Il est très important que le praticien ainsi que son patient soient en accord avec l'intention et le procédé utilisés au cours de la séance de guérison. Cela demandera peut-être du temps et plusieurs consultations, cependant, la forte croyance en un dénouement positif est cruciale dans cette démarche[8].

Il est également possible de déterminer les remèdes à administrer en plaçant le pendule au-dessus des médicaments disponibles sans ordonnance. Il donnera une réponse positive aux plus bénéfiques. Veillez à consulter au préalable votre médecin traitant pour vous assurer qu'il n'y a pas de contre-indications par rapport à tout traitement que vous suivez éventuellement.

Les pendules ne sont pas uniquement réservés aux praticiens de la médecine holistique. Les docteurs formés à la médecine occidentale font parfois appel à leur intuition à l'aide d'un pendule. Anya est psychiatre auprès de patients hospitalisés et s'occupe tous les jours des personnes en crise, confrontées à des décisions bouleversant leur vie. Ayant à gérer au quotidien des circonstances difficiles, il est impératif pour elle de garder les pieds sur terre. Qu'il s'agisse d'une question personnelle ou de la manière d'aborder une situation délicate au travail, le pendule est devenu son outil de confiance.

L'HISTOIRE D'ANYA

Dans l'incapacité de me fier à mon intuition et dans l'indécision quant à ce qui est bon pour moi, le pendule m'a permis de puiser dans ma sagesse profonde. Lorsque je constate que je cherche des réponses au

> *mauvais endroit, c'est-à-dire à l'extérieur de moi, j'ai la possibilité d'y procéder efficacement et rapidement à l'aide d'un outil à portée de main qui m'apporte la tranquillité d'esprit. Nous avons tous en nous le pouvoir d'exercer notre libre arbitre, et c'est simplement un moyen de le réaffirmer. D'un point de vue professionnel, je crois que nous avons le pouvoir de contrôler notre propre destin. L'un de mes rôles consiste à donner à mes patients les moyens qui leur permettront de découvrir que les réponses se trouvent en eux.*

Les relations

Il s'agit de la pierre angulaire de notre existence. Nous sommes tous destinés à aimer et à être aimés. L'amour est la vérité ultime de notre vie. Sans tomber dans l'existentiel, nous avons tous connu, à un moment donné, quelques difficultés pour nous orienter sur le plan relationnel. Si ce n'est pas votre cas, cela vous arrivera un jour. En clarifiant et en confirmant grâce à votre pendule ce qui vous convient dans vos relations, cela vous permettra de vous assurer en profondeur que votre vie est équilibrée. Que vous soyez engagé dans une relation amoureuse, dans un partenariat professionnel ou que vous ayez un problème avec un ami ou un membre de la famille, il est réconfortant de savoir que vous pourrez suivre votre cœur pour améliorer votre relation en y travaillant avec votre pendule.

Voici quelques exemples de questions à poser pour savoir où et comment explorer ce qui vous convient le mieux, afin d'améliorer les relations importantes dans votre vie :

- « Suis-je prêt à trouver une relation amoureuse cette année ? » Soyez plus précis en indiquant par exemple la saison ou le mois.
- « Est-ce que [nom de la personne] est le meilleur partenaire pour moi à ce stade de ma vie ? » « Est-il le meilleur partenaire à long terme ? » Faites preuve de prudence avec ce type de questions qui peuvent être très subjectives. N'oubliez pas que tout dépend de leur formulation. Soyez aussi précis que possible.
- « Suis-je amoureux de [nom de la personne] ? »

- Si vous sortez avec quelqu'un depuis peu, demandez à votre pendule s'il est dans votre intérêt de continuer à développer cette relation, par exemple : « Est-il dans mon intérêt de sortir avec [nom de la personne] ? » Si vous obtenez un « peut-être », posez ce genre de questions : « Est-ce que je peux faire confiance à [nom de la personne] ? »
- Si vous êtes déjà engagé dans une relation, posez des questions sur la manière d'entretenir et de renforcer vos liens, par exemple : « Est-il dans mon intérêt de passer à l'étape suivante dans ma relation avec [nom de la personne] ? », ou « de me fiancer/me marier/d'emménager avec [nom de la personne] ? », ou encore « Est-il dans mon intérêt d'exprimer à [nom de la personne] ce que je ressens à propos de notre relation ? »

Il est essentiel que vos questions soient centrées sur vous-même. Évitez de demander si une certaine personne est amoureuse de vous, étant donné que vous n'êtes pas connecté à son inconscient et que vous ignorez ce qu'elle pense ou ressent. De plus, vous ne pouvez pas contrôler ses décisions. Concentrez-vous sur vous-même, car le pendule est relié à vous, personnellement, et fait appel à votre inconscient et à votre sagesse intérieure, et non à ceux de quelqu'un d'autre. Ce faisant, vos propres sentiments et ce que vous allez faire s'accorderont à votre propre capacité d'action. Lorsque vous serez prêt, vous pourrez prendre les mesures qui vous seront personnellement les plus bénéfiques. C'est ainsi que l'on se donne les moyens, n'est-ce pas ?

Julie est une mère célibataire qui a trois garçons âgés de 6 à 13 ans. Après avoir lutté contre la maladie et traversé un divorce, elle cherchait des réponses. Elle a utilisé son pendule en de nombreuses occasions lorsqu'elle voulait être guidée et confirmer ce qu'elle désirait vraiment : ce qui lui tenait à cœur. Elle y recourt principalement pour les questions importantes qui l'aident à s'orienter dans la vie, notamment à propos des nouvelles relations qu'elle a nouées depuis sa séparation.

L'HISTOIRE DE JULIE

Je sais que j'ai la tête sur les épaules, mais après mon divorce, beaucoup de choses dans ma vie ont été bouleversées, surtout quand je suis sortie avec quelqu'un après avoir été mariée pendant treize ans. Aussi confiante que je sois, je ne savais pas que je vivrais autant de moments d'insécurité et d'anxiété lorsque je commencerais à éprouver des sentiments pour quelqu'un d'inconnu. Lorsque des facteurs déclencheurs se manifestaient, je ne savais pas comment les gérer.

Par exemple, j'ai utilisé mon pendule pour m'aider lorsque j'ai vécu des ruptures et que j'ai voulu tendre la main à un ex sans être sûre que c'était la chose à faire. Mon cœur me disait une chose et ma tête m'en disait une autre. C'est à ce moment-là que j'ai pris mon pendule. Ce qui m'a le plus marquée en l'utilisant, c'est la rapidité avec laquelle j'ai pu passer à autre chose. Lorsque je réfléchis à une situation, au lieu de ruminer et de m'angoisser, je consulte mon pendule et tout se clarifie. Cela m'épargne de me prendre la tête, de suranalyser en permanence et de me remettre en question.

J'en suis à une étape de ma vie où j'aime ce que j'ai construit. J'ai suivi les conseils de mon intuition par l'intermédiaire de mon pendule. Il est toujours juste, et je suis sûre d'être sur la bonne voie parce que je me donne ainsi la réponse qui convient. Savoir que j'ai accès à ces informations vaut son pesant d'or. J'ai toute confiance que mon intuition continuera à me guider grâce à mon pendule.

Affaires et carrière

En tant que cofondatrices de nos entreprises que nous gérons en commun, nous avons à l'occasion des points de vue divergents et nous devons nous concerter pour prendre les meilleures décisions. Les pendules sont de merveilleux instruments qui nous permettent de nous accorder. Souvent, lorsque nous prenons une décision pour nos entreprises, nous consultons chacune de notre côté notre pendule à propos de la même question. Il n'est pas rare que nous finissions par obtenir la même réponse, ainsi, il est plus facile d'agir en fonction. C'est aussi simple que ça. Cependant, c'est un peu plus compliqué lorsqu'après avoir consulté notre pendule sur la même question chacune de notre côté, nous obtenons des réponses différentes. Lorsque vous et vos partenaires commerciaux, vos collègues, les membres de votre équipe ou toute autre personne avec laquelle vous travaillez (il est à espérer qu'ils savent comment se servir correctement d'un pendule, tout comme vous) obtenez des réponses différentes de celle venant de votre intuition par l'intermédiaire de votre pendule, il est alors temps de réfléchir à la manière dont chaque parti peut faire des compromis pour se mettre d'accord.

En voici un exemple qui concerne l'élaboration d'une proposition pour une mission de coaching. Nous avions toutes les deux notre idée pour fixer le prix du projet pour lequel nous allions postuler, et nous avions chacune des arguments des plus logiques pour expliquer pourquoi l'une d'entre nous voulait faire une offre plus élevée que l'autre ne le souhaitait. Nous avons fini par travailler avec nos pendules afin d'établir un devis acceptable pour le client comme pour nous. Non seulement nous étions satisfaites d'un point de vue commercial de notre décision, mais nous l'étions aussi au plus profond de notre cœur. Parce que nous étions toutes les deux disposées à consulter notre intuition lors de la prise de décision dans le domaine des affaires, nous nous sommes senties super bien en suivant la voie que nous avions choisie pour progresser – et nous avons décroché cette mission !

Chez tant d'entre nous, la carrière professionnelle suscite un sentiment de sécurité et de stabilité. Notre travail nous donne nos moyens de subsistance, ainsi qu'une raison d'être et une direction, et a un impact considérable sur notre bien-être général. Il ne fait aucun doute que la carrière est une composante majeure de la vie, au même titre que les relations, les finances, la santé et la spiritualité.

Votre pendule vous aidera à vous orienter sur votre parcours, et il y a des moyens infinis de mettre votre EAO au boulot. Que vous soyez aidant familial, cadre, chef d'entreprise ou étudiant, le pendule pourra vous accompagner au quotidien dans votre vie personnelle ainsi que professionnelle.

La question la plus importante que nous posent nos clients en matière de carrière est de savoir s'ils sont sur la bonne voie. Nous nous sommes souvent entretenues avec des personnes qui ont des difficultés dans ce domaine et qui se sentent cantonnées dans des emplois qu'elles n'apprécient pas vraiment.

En voici un exemple. Lorsque nous avons proposé nos pendules à la vente lors d'un événement dans le Minnesota, un groupe de jeunes femmes s'est approché, curieuses de les découvrir. Nous leur avons donné un cours et une mini-séance de coaching avec le pendule. Fascinées, elles ont commencé à l'essayer par elles-mêmes. L'une d'elles en particulier était très attirée par un magnifique pendule constitué de citrine et d'aventurine. Nous lui avons montré comment le calibrer et elle s'est mise à l'utiliser. Connaissant une période difficile au travail, cette infirmière diplômée pensait peut-être démissionner. Ayant demandé tout d'abord au pendule si elle était dans le bon secteur d'activité à ce moment de sa vie, il a répondu par l'affirmative, ce qui l'a surprise, car elle se sentait démotivée à son poste, qu'elle n'assumait plus aussi bien que par le passé. Elle a admis qu'elle était découragée, qu'elle voulait autre chose et qu'elle avait passé quelques années plus tôt l'examen Medical College Admission Test pour s'inscrire à l'école de médecine.

Elle a ensuite demandé s'il était dans son intérêt de consulter son département des ressources humaines. La réponse a été négative. « Hmmm, c'est bizarre, s'est-elle dit. Pourquoi pas ? » Elle a alors demandé si elle devait parler à son supérieur des difficultés qu'elle rencontrait. Le pendule a répondu par un « oui » sans équivoque. Comme elle envisageait depuis des années de reprendre ses études de médecine, elle lui a demandé si elle occupait en ce moment le poste qui lui convenait. Elle a obtenu une réponse négative. Ensuite, elle a demandé si la voie adaptée était d'évoluer dans sa carrière. Un « oui » franc et massif. Sa dernière question était de savoir s'il était dans son intérêt d'étudier la médecine.

Oui ! Elle a fini par acheter ce pendule. La semaine suivante, elle nous a appris qu'elle avait parlé à son supérieur, qui l'avait informée d'une bourse permettant à l'un ou l'une de ses subalternes de reprendre ses études. Elle a posé sa candidature et a été acceptée dans le cursus. Elle a également reçu la bourse et le mentorat dont elle avait besoin pour poursuivre son chemin. Son pendule l'a aidée à obtenir la clarté nécessaire pour prendre une décision majeure dans sa vie. Et cela n'a demandé qu'une dizaine de minutes. Pour l'anecdote : la citrine et l'aventurine constituant le pendule qu'elle a ramené chez elle sont de merveilleuses pierres qui favorisent le succès dans la carrière.

Un excellent moyen de vous aider à apprécier votre travail au quotidien consiste à vous fier à votre sagesse intuitive lors de vos prises de décision si vous êtes propriétaire d'une entreprise ou dans votre parcours professionnel. Lorsque vous vous sentez bien au sujet des décisions que vous prenez, vous êtes plus enclin à les suivre et à vous rendre compte de tous les avantages qui en découlent.

Sharon est une guérisseuse et une cheffe d'entreprise dans le domaine de la spiritualité. Son histoire est un exemple de l'avantage des intuitions pour vous orienter grâce au pendule et comment cela peut conduire à la réussite professionnelle et personnelle.

L'HISTOIRE DE SHARON

Ce n'est que plus tard dans mon parcours que j'ai commencé à m'intéresser au pendule. Curieusement, l'idée des cristaux et des outils de divination m'intimidait autant qu'elle m'émerveillait. Ma fille jeune adulte m'a offert mon premier pendule, et m'a dit qu'il lui avait sauté aux yeux alors qu'elle se demandait quel serait celui qui me conviendrait le mieux.

Je commençais ma nouvelle vie en ouvrant mon centre de son, de lumière et d'énergie et en introduisant l'œuf harmonique sur le marché à Twin Cities, et je me suis souvent surprise à prendre le pendule que ma fille m'avait offert, que j'ai utilisé pour toutes sortes de choses, des décisions commerciales jusqu'à l'élaboration la mieux adaptée des séances de guérison par le son que je devais effectuer dans l'œuf harmonique. J'avais une clarté intuitive concernant les gens et ce dont ils avaient besoin lorsque je les accueillais au centre. Cependant, j'avais des difficultés à déterminer la séance qui leur serait la mieux adaptée, c'est pourquoi je consultais fréquemment mon pendule. Depuis que je travaille régulièrement avec lui, j'ai appris à évacuer les énergies négatives, à purifier mon champ énergétique, à faire des prédictions, et bien plus encore.

Les finances

Trouver où investir votre argent grâce à votre pendule est toujours une option qui s'offre à vous. Qu'il s'agisse d'évaluer les actions ou les fonds communs de placement, d'ouvrir un compte pour vous-même sur le marché monétaire, ou simplement un compte épargne à votre agence bancaire, le vérifier avec votre intuition est indéniablement judicieux. Ces informations ne sont pas censées remplacer votre collaboration avec votre professionnel de la finance, mais constituent une étape supplémentaire qui peut vraiment vous aligner sur la planification et l'accomplissement de vos projets ou objectifs financiers qu'il est toujours important de bien cerner pour décider où placer votre argent durement gagné.

Économisez-vous en vue du versement d'un acompte pour une acquisition immobilière ? Prévoyez-vous d'ouvrir un plan d'épargne universitaire en prévision des études supérieures de votre enfant ? Avez-vous plusieurs priorités, comme des investissements à court terme plus sûrs, ou à long terme, qui supposent de prendre plus de risques financièrement ?

Clarifiez ce que vous voulez accomplir. Si vous cherchez à déterminer à quel planificateur financier accorder votre confiance, nous vous suggérons de vous entretenir avec plusieurs d'entre eux. Renseignez-vous sur leur philosophie d'investissement et leur approche de la gestion de votre argent. C'est au moment de choisir avec lequel travailler que votre intuition se révélera être un guide fantastique. À l'aide de votre pendule, réduisez les options à celles où le professionnel est le plus apte à gérer votre argent en fonction de vos projets ou de vos objectifs. Si vous obtenez un « non » concernant tous les conseillers financiers avec lesquels vous vous êtes entretenu, vous n'avez pas trouvé le bon. Persévérez et rencontrez-en d'autres. Votre démarche de découverte vous conduira finalement au partenaire qui convient.

Lorsqu'il s'agit d'investir votre argent, il est nécessaire de vous assurer que la personne à qui vous allez confier cette mission remplit toutes les conditions requises : formation, philosophie, expérience, résultats, valeurs, personnalité et énergie. Vous serez mieux à même de finaliser vos projets ou d'atteindre vos objectifs en ayant la certitude d'avoir choisi le meilleur conseiller auquel vous associer. La même philosophie et la même approche sont applicables à toute relation professionnelle. Si vous êtes en train d'acheter ou de vendre une propriété ou de trouver l'appartement de vos rêves, il est impératif que vous entreteniez une excellente relation avec votre agent immobilier. Se sentir confiant dans ses compétences et ses talents est la clé de votre sérénité au cours de cette période stressante. Votre agent va négocier en votre nom, et il est préférable qu'il ait toujours vos meilleurs intérêts à cœur. Les conseils intuitifs que votre pendule vous transmet vous conduiront à choisir le bon agent pour cette mission.

Après avoir fait appel au professionnel qui vous convient et entrepris de vous trouver une maison ou un appartement, n'oubliez pas d'apporter votre pendule. **Les lieux de vie contiennent de l'énergie** et il sera préférable de vous assurer que vous êtes énergétiquement aligné sur une propriété que vous envisagez d'acheter ou de louer. Travaillez avec votre pendule en posant des questions simples, telles que « Cette maison est-elle celle qui me convient le mieux ainsi qu'à ma famille ? ». Votre intuition vous le fera savoir. En ayant trouvé le domicile qui répond à toutes vos attentes, vous éprouverez un merveilleux sentiment. Ne vous contentez de rien de moins.

Établir des priorités

Tant d'entre nous sont confrontés chaque jour à de multiples priorités concurrentes. Il est parfois difficile de déterminer quelle est la tâche la plus utile à laquelle consacrer son temps. Vous pourrez dresser chaque jour votre liste de priorités à l'aide de votre pendule.

Cette brève vérification vous permettra de clarifier avec certitude ce sur quoi vous concentrer. Cet excellent exercice peut s'appliquer à de nombreux domaines de votre vie. Et le plus beau, c'est qu'il est aussi rapide que facile.

Lorsque vous vous asseyez le matin pour répertorier vos tâches quotidiennes, prenez le temps de passer cette liste en revue avec votre pendule. Nous avons toutes les deux tendance à dresser de longues listes de tout ce que nous avons à accomplir dans la journée, et la consulter est une autre cause de stress. Pourquoi ne pas utiliser le pendule pour faire le point et voir quelles sont celles qu'il est impératif d'effectuer le jour même ? Nous constatons souvent que tout ce qui se retrouve sur la liste des choses à faire n'est pas vraiment indispensable, à raison de 30 % à 40 %. De surcroît, c'est très simple de s'en occuper. Après avoir calibré votre pendule, suivez ces étapes.

1. Tenez votre pendule au-dessus de la tâche que vous avez inscrite sur votre liste de choses à faire et demandez : « Est-il dans mon intérêt de me concentrer sur cette tâche aujourd'hui ? » Vous obtiendrez rapidement un « oui » ou un « non ».
2. Procédez de même pour chaque tâche sur votre liste et rayez celles pour lesquelles vous obtenez un « non ». Constatez-vous que votre liste de choses à faire s'est raccourcie ?
3. Consultez attentivement ce qu'il reste sur la liste. Est-il logique que les tâches qui n'étaient pas vraiment essentielles à accomplir dans la journée en aient été rayées ?
4. Poussez un gros soupir de soulagement et consacrez maintenant quelques minutes à classer par ordre de priorité les tâches qu'il vous reste, à l'aide de votre pendule.
5. Tenez-le au-dessus de chacune d'elles, une par une, en demandant : « Est-il dans mon intérêt d'accomplir cette tâche en premier ? » Si vous obtenez un « non » en réponse, demandez : « Est-il dans mon intérêt d'accomplir cette tâche en deuxième ? » Et ainsi de suite jusqu'à ce que vous obteniez un « oui ». Poursuivez cet exercice de priorisation jusqu'à ce que vous ayez établi un ordre

optimal pour tout ce qu'il vous reste à accomplir. Cet exercice pourrait vous sembler conséquent, mais une fois que vous l'aurez assimilé, vous saurez comment dresser au mieux en quelques minutes votre liste de tâches.

L'aspect le plus surprenant en recourant à votre pendule pour réduire et classer par ordre de priorité ce que vous avez à faire dans votre liste, c'est que vous remarquerez à quel point votre journée se déroule agréablement. En suivant votre intuition afin de l'organiser au mieux, vous ne tarderez pas à vous rendre compte que votre productivité augmentera. Vous parviendrez beaucoup plus rapidement à terminer ce que vous avez à faire et rayer certaines tâches de votre liste vous fera sans nul doute grand plaisir. Bien sûr, des événements imprévus pourraient survenir au cours de la journée et vous détourner d'un état de flow productif. Si vous vous surprenez à vous écarter de votre plan initial, faites une pause et vérifiez ce qu'il en est à l'aide de votre pendule. Ne vous énervez pas ; redéfinissez vos priorités et laissez-vous porter en fonction.

Retrouver les objets perdus

Lorsque vous ne savez plus où vous avez laissé vos clés ou tout autre objet, votre pendule vous offre une solution aussi simple que rapide pour y remédier. Vous serez sidéré en constatant à quel point c'est facile et combien de temps vous gagnerez en vous en servant pour retrouver ce que vous avez perdu. Nous allons vous proposer deux façons de procéder.

Méthode du plan et de la carte

1. Dessinez un plan simple de votre domicile ou de la pièce où vous allez mener vos recherches. Nul besoin de vous attarder sur l'aspect esthétique de votre dessin. Une simple représentation schématisée est tout ce qui est nécessaire.
2. Ensuite, après avoir calibré votre pendule, tenez-le au-dessus de chaque pièce sur votre plan et demandez : « [L'objet] se trouve-t-il

dans [précisez la pièce] en ce moment ? » Vous pourrez procéder d'une pièce à l'autre jusqu'à ce que vous obteniez un « oui » en réponse.

3. Si vous pensez avoir perdu quelque chose à l'extérieur de votre domicile, procédez de même en recourant à une carte pour restreindre votre zone de recherche.

Méthode des questions

Il n'y a rien de plus simple et de plus rapide que de demander à votre pendule où vous avez fourré ce vieil album ou tout autre objet que vous recherchez.

1. Commencez large en demandant si l'objet se trouve dans la maison, la voiture, le garage, etc.
2. Ensuite, précisez l'endroit où il pourrait être caché. Alors que votre esprit rationnel a oublié où il se trouve, votre inconscient s'en souvient parfaitement puisque c'est vous qui l'avez laissé là en premier lieu. Posez par exemple ces questions : « [L'objet] se trouve-t-il en ce moment au rez-de-chaussée ? », « Est-il au sous-sol ? », « Est-il dans la chambre principale ? »
3. Une fois que vous avez ciblé précisément un espace chez vous, posez par exemple ces questions : « [L'objet] est-il du côté droit de la pièce ? », « Du côté gauche de la pièce ? » Une fois que vous aurez réduit votre zone de recherche, posez ces questions : « [L'objet] est-il dans le placard ? », « Y est-il sur les étagères du haut ? » Quel bonheur de retrouver ce qui avait disparu !

L'HISTOIRE DE KARINA

Voici une petite histoire qui m'est arrivée et qui témoigne de l'adaptabilité et de la magie quotidienne qui peut se produire en utilisant chaque jour votre pendule.

Mes enfants adultes ne sont pas de grands joueurs, mais lorsqu'ils viennent me voir, il leur arrive de jouer à la Xbox. Lorsque mon dernier fils est rentré de l'université pour les vacances d'automne, il n'a pas pu retrouver la sienne. J'ai cherché et cherché, sans la trouver non plus. J'ai arrêté mes recherches et simplement oublié qu'elle avait été perdue. Juste avant de rentrer à la maison pour les grandes vacances, mon fils m'a rappelé que sa Xbox était toujours introuvable et m'a demandé si je pouvais la chercher.

Lorsque j'ai eu un moment de tranquillité, j'ai fait ce que toute personne sensée aurait fait pour retrouver un objet perdu : j'ai posé la question à mon pendule ! Étant donné que c'était moi qui l'avais rangée des mois plus tôt, je savais que la réponse était enfouie au plus profond de mon inconscient. Voici comment j'ai procédé :

J'ai demandé au pendule si la Xbox était dans la maison et j'ai obtenu un « oui ». J'ai réduit les options des endroits où elle pouvait se trouver en lui demandant si elle était à l'étage et j'ai obtenu un « non ». J'ai ensuite demandé si elle était au rez-de-chaussée et j'ai obtenu un « oui ».

J'ai apporté mon pendule dans chaque pièce au rez-de-chaussée en continuant à demander si la Xbox s'y trouvait. Je n'ai eu que des « non », sauf dans le salon.

J'ai poursuivi mes recherches en longeant les murs de la pièce, en demandant à mon pendule si la Xbox se trouvait dans telle ou telle zone. Lorsque je me suis approchée de la télévision, il m'a répondu « oui ». J'ai déplacé la télé et constaté qu'il n'y avait rien d'autre à l'arrière que quelques câbles. J'ai ensuite ouvert le meuble sous l'appareil et, bien sûr, la Xbox se trouvait sur l'étagère du bas, l'avant de la console vers le fond. Nous l'avions probablement cherchée là plusieurs fois, mais l'avions prise pour un vieux magnétoscope numérique dont les fils dépassaient, tourné vers le fond.

J'ai rapidement envoyé à mon fils une photo de la Xbox par texto. Il était si content. Je suis tellement reconnaissante d'avoir fait confiance à cet instrument extraordinaire pour éveiller rapidement et facilement mon intuition et obtenir les informations qui m'aident à faire progresser au mieux ma vie.

Les voyages

Que ce soit pour le travail ou le plaisir, les voyages requièrent pas mal de décisions. Dans quel endroit passer de bons moments (qu'il s'agisse de ma famille, de mes amis ou de moi-même) ? Quelles sont les meilleures dates pour voyager ? Quels vêtements dois-je emporter ? Comment planifier mon itinéraire une fois ma destination choisie ? Quelle agence de voyages efficace consulter ? Les questions ne s'arrêtent pas là.

Nous avons découvert que le pendule est exactement ce qu'il nous faut. Cet EAO peut vous aider à prendre des décisions sur tout ce qui concerne les voyages. Et il est nomade ! Votre pendule peut également vous aider à vous relier à l'énergie de lieux inconnus, suscitant un sentiment d'aventure et de connexion avec de nouvelles terres, cultures et expériences. Lors de nos voyages dans le monde, pour la création de nos pendules, nous adorons nous procurer de manière éthique des matériaux et des pièces uniques, dont les vibrations, ressenties à distance, nous rappellent véritablement que nous sommes tous unis et en relation. Voici quelques idées sur la façon de travailler avec votre pendule pour que votre voyage soit une réussite.

La planification des voyages

Vous commencez à planifier vos vacances en famille, en vous demandant en premier vers quelle destination voyager. Munissez-vous d'une carte et tenez votre pendule au-dessus des pays ou des villes qui vous intéressent. Notez sur une feuille de papier les lieux où il vous indique « oui ». Une fois que vous aurez obtenu plusieurs localisations, posez-lui des questions pour déterminer quelles sont les meilleures où vous rendre en famille. Réduisez votre liste jusqu'à ce que vous ayez trouvé votre destination idéale.

Si vous avez choisi un lieu de villégiature, à l'aide de votre pendule, sélectionnez les sites à visiter. Ou bien vous prévoyez peut-être des vacances en bord de mer et voulez savoir quel hôtel vous conviendrait le mieux, ainsi qu'à vos compagnons de voyage.

Si vous avez un déplacement professionnel à effectuer et souhaitez connaître un peu mieux la ville où vous allez vous rendre, affinez vos recherches avec votre pendule en sélectionnant dans le guide de la ville les attractions les plus intéressantes à visiter.

Nous avons découvert que lorsque nous voyageons, nos pendules nous aident considérablement à percevoir l'énergie et la connexion propres à un lieu à découvrir. Nous avons eu quelques expériences mystiques lors de nos voyages, en particulier dans des sites considérés comme de puissants vortex énergétiques, notamment à Sedona, en Arizona, et à Stonehenge, dans le sud-ouest de l'Angleterre.

L'HISTOIRE DE LANA À STONEHENGE

Lors d'un voyage en famille à Londres, nous avons décidé de faire une excursion d'une journée à Stonehenge, un rêve devenu réalité pour moi, puisque j'ai étudié l'anthropologie, étant fascinée par les civilisations anciennes. C'était une journée froide et venteuse typique de l'Angleterre, et nous nous sommes mis en route très tôt. Dès mon arrivée sur les lieux, j'ai senti un changement considérable sur le plan de l'énergie qui m'a donné le sentiment d'être très puissante, comme si les ancêtres nous entouraient, gardant le site et signalant à ceux qui étaient réceptifs à leur esprit d'entrer en relation avec eux. Stonehenge est le point de rencontre de quatorze lignes de Ley distinctes[9], ce qui en fait l'un des vortex les plus puissamment chargés énergétiquement au monde, ceux-ci étant associés à certaines propriétés spirituelles et très propices aux pratiques telles que la prière, la méditation et la guérison.

Mon intuition m'a incitée à sortir mon pendule pour voir ce qui allait se passer et, malgré le froid, c'est ce que j'ai fait, n'étant pas du genre à faire abstraction de ce type d'appel. Mon pendule s'est mis à tourner dans le sens horaire, plus vite que d'habitude. Pour moi, cette direction indique qu'une énergie positive se manifeste. J'ai fermé les yeux et attendu un moment.

Pendant ma brève méditation avec mon pendule en mouvement, j'ai reçu un « téléchargement » : je devais créer une collection de pendules avec la pierre bleue de Preseli, celle-là même qui constitue le cercle de pierres intérieur de Stonehenge. Rare, on ne la trouve que dans les monts Preseli, au Pays de Galles, à environ 240 km de ce site. Elle est connue pour son énergie profondément ancrante et ses propriétés magiques et guérisseuses. J'ai suivi ces conseils et acheté des perles en pierre bleue de Preseli à la boutique du site.

J'ai décidé que l'édition spéciale de cette collection comprendrait cinq pendules. Leur création a donné lieu à une expérience spirituelle. On dit que la pierre bleue de Preseli incarne une vibration ancestrale et permet de se connecter à l'énergie des vies antérieures. J'étais sur un petit nuage en ayant la possibilité de relier ces pendules aussi magnifiques que magiques aux âmes auxquelles ils appartiennent dans cette vie.

Ce qui s'est passé ensuite a été très mystérieux et de l'ordre du merveilleux. Les deux premières femmes qui ont acheté des pendules de ma collection Stonehenge ont eu des réactions viscérales lorsqu'elles ont vu et tenu le leur pour la première fois. C'est comme si les énergies guérisseuses de Stonehenge les avaient appelées, et même sans se connaître, je n'ai pas pu m'empêcher de me demander si ces femmes étaient destinées à trouver ces pendules en guise d'étape de mise en relation. Au moment où j'écris ces lignes, elles ne se sont pas rencontrées… pour l'instant ! Voici leurs histoires.

L'HISTOIRE DE DAWN

N'êtes-vous pas émerveillé lorsque quelqu'un ou quelque chose entre dans votre vie d'une manière qui vous change au plus profond de votre être ? Mon organisation promouvant l'autonomisation des femmes a pris part à un événement à Minneapolis. Après avoir installé ma table, je suis allée faire un tour dans la salle pour faire la connaissance d'autres exposants. Et il y avait là Lana et Karina. J'étais si heureuse de les voir toutes les deux… ainsi que leurs pendules !

Nous nous sommes chaleureusement enlacées, avant de nous donner des nouvelles. Lana m'a parlé de son voyage à Stonehenge et de combien elle y avait trouvé l'inspiration. Elle a mentionné comment l'expérience qu'elle y avait vécue et l'énergie puissante qu'elle avait ressentie en marchant parmi ces mystérieux géants de pierre sacrés l'avait inspirée pour créer des pendules.

À leur table, resplendissante de magnifiques pendules disposés sur du velours somptueux, se trouvait l'un d'eux derrière le présentoir vertical à l'arrière de leur étal. J'ai senti son énergie avant même de l'avoir vu. Lana l'a pris avec respect, me l'a montré et l'a délicatement déposé dans mes mains, avant de m'expliquer avec Karina comment ce pendule avait vu le jour, inspiré par la visite de Lana à Stonehenge. Il porte le nom d'Ancestral Wisdom (« Sagesse ancestrale »). Ce qui a suivi, pour moi, n'était rien de moins qu'un miracle.

En 2016, je me suis rendue en Inde et j'ai passé vingt-et-un jours en silence, suivant les enseignements de moines éclairés. Nos journées de douze heures étaient entièrement consacrées à la méditation, aux psalmodies en sanskrit, à la consommation de repas spécialement préparés et au choix de ne pas parler du tout – pour procéder au travail intérieur guérisseur et d'expansion afin de prendre la voie d'une vie éclairée. Bien que j'aie suivi depuis l'enfance un chemin spirituel et de découverte de soi, je n'avais jamais rien vécu qui m'ait catapultée dans une telle profondeur et transformation que le temps que j'ai passé là-bas. Cela m'a positivement transformée pour toujours.

Pendant les quinze premiers jours de mon expérience en Inde, les moines nous ont guidés avec talent et amour au plus profond de notre être même. Nous nous sommes plongés dans les blessures du passé, nous avons exploré qui nous sommes en tant qu'être humain, et appris ce qu'est le karma ainsi que les enseignements ancestraux. À travers tout cela, nous avons procédé par une purification, une détoxification, un lâcher-prise du lourd bagage que nous portons parfois tout au long de notre vie. Nous nous sommes sentis plus légers, plus présents et plus aimants, envers nous-mêmes comme envers autrui. L'étape de préparation étant terminée, c'est alors que le grand jour est arrivé.

Nous avons été cérémonieusement conduits à l'étage tout en haut du temple pouvant accueillir 8 000 personnes, réservé aux rites sacrés. C'était un honneur d'être en ce lieu. L'espace était doucement éclairé par des centaines de bougies et le parfum d'huiles particulières nous parvenait, tandis qu'en fond sonore on entendait de la musique sacrée. Chacun a pris sa place et a été guidé au cours des dernières étapes de son éveil et de son illumination.

À un moment donné, vers la fin de la cérémonie, mon être intérieur s'est mis à tournoyer en un rayonnement profond. Des larmes ont coulé sur mes joues et je me suis sentie renouvelée, plus vivante que je n'en avais jamais fait l'expérience. Mes sens étaient aiguisés et mon cœur battait d'amour. La sensation de spirale et de tourbillon dans mon corps s'est poursuivie, et lorsque je suis sortie du temple et que j'ai vu la Lune, c'était comme si je la voyais pour la première fois. J'ai fait l'expérience d'une harmonie avec les fleurs, dont beaucoup fermaient leurs pétales pour la nuit, vibrant de vie et de beauté. Notre repas du soir, présenté avec amour et grand soin, m'a donné la sensation que mes papilles gustatives avaient toute la fraîcheur de celles d'un enfant.

Bien que l'énergie divine rayonnante et tournoyant en spirale que j'avais ressentie au sommet du temple ait commencé à se dissiper, j'ai continué à en sentir les effets. Je désirais tant ressentir à nouveau cette même énergie tourbillonnante ! Depuis mon expérience dans ce temple, cela ne s'était reproduit qu'en de rares occasions, en général sans la même intensité. C'est alors que j'ai vu pour la première fois le pendule appelé Ancestral Wisdom, ce jour-là, en compagnie de Lana et Karina. Rien qu'en le tenant, j'ai senti le sentiment réémerger aussi intensément que ce soir-là dans le temple. J'en suis restée médusée !

Ce pendule est plus qu'un objet sacré pour moi, et même s'il n'était que cela, ce serait déjà beaucoup ! Il est mon ami, un rappel de la profonde sagesse que je porte en moi. Il m'aide à atteindre rapidement ce niveau supérieur dans mon âme, cette authentique partie de mon être. Bien que ma relation avec lui me permette de puiser dans mon âme des réponses à mes questions et me fournit des conseils pour me guider, j'ai reçu un autre cadeau auquel je ne m'attendais pas.

Lorsque j'étais petite fille, imprégnée de l'enseignement catholique – que j'ai depuis remplacé par des croyances spirituelles plus vastes –, j'ai eu quelques expériences mystiques en tenant un chapelet en cristal rose que ma grand-mère Rosie m'avait offert.

En plus des nombreux bénéfices que je retire de mon pendule Ancestral Wisdom, il me fournit une version amplifiée du mysticisme découlant de mon rosaire dans mon enfance et éveille l'énergie tourbillonnante, rayonnante, dont j'ai fait l'expérience dans le temple en Inde. Alors que je le tiens dans ma main en ce moment même, j'éprouve une immense joie et une intense gratitude. Il n'est jamais loin de moi.

L'HISTOIRE DE DEE

Je crois que chaque pendule nous choisit pour une raison, et qu'il est de notre responsabilité de découvrir ce qu'il en est précisément.

Lorsque Lana a posté une photo d'elle avec un magnifique pendule de sa collection Stonehenge, quelque chose en moi s'est manifesté tangiblement. J'ai ressenti une connexion immédiate avec lui, comme s'il résonnait avec la quintessence même de mon être. Aujourd'hui, alors que je le tiens au creux de ma main, je ressens comme des picotements, et le simple fait d'en parler me donne la chair de poule. Mais ce n'est pas tout.

Comme par magie, Lana avait un rendez-vous près de chez moi le lendemain même et a pu me remettre le pendule de Stonehenge en personne. C'était comme si le destin avait orchestré cette rencontre, comme si Lana était destinée à faire l'expérience de l'énergie dans ma maison – un espace qui me donne le sentiment d'être un portail débordant d'énergie vibrante. Lorsque Lana est partie, elle s'est sentie dynamisée, se décrivant comme envahie d'une énergie aussi positive qu'exaltante. Cet espace chez moi m'a toujours semblé mystique, ce que Lana m'a confirmé. J'ai le sentiment que le pendule est relié à ce portail, la raison pour laquelle Lana était censée en faire directement l'expérience.

Ce pendule est différent de tout ce que j'ai pu rencontrer. Son caractère unique et son pouvoir de transformation sont devenus évidents dès son arrivée chez moi. Je l'ai nettoyé et infusé avec des bénédictions de reiki. Depuis ce moment-là, je le garde près de moi en permanence, méditant avec lui et nouant des liens profonds. De cette création extraordinaire émane une puissante énergie unique qui résonne en moi en traversant avec fluidité chaque fibre de mon être.

Le lendemain a donné lieu à une autre synchronicité : ma famille allait se rendre à Londres dans quelques mois et, bien sûr, j'irai visiter Stonehenge. Mais pourquoi maintenant ? Comment interpréter ce voyage et ce pendule ? J'ai vécu en Angleterre et j'ai visité Stonehenge dans ma jeunesse, mais je sens que j'y suis rappelée pour une raison.

Au cours de mes méditations, j'ai cherché à être guidée au sujet du pendule de Stonehenge. Chaque fois, la réponse résonnait en moi : « Oui, ce pendule est fait pour moi ! » Il est porteur d'un message et signale un objectif. Je ressens une connexion avec la Terre, notre si belle planète. Ma vocation est de travailler avec elle, de contribuer à sa guérison et de guider les autres à bénéficier avec sagesse de ce qu'elle a à nous offrir.

Pendules et animaux de compagnie

Nous sommes très attachés à nos animaux de compagnie. Lana a deux huskys sibériens et Karina un mini goldendoodle. Pour beaucoup d'entre nous, nos compagnons à fourrure, essentiels à notre famille, sont la source quasi inépuisable d'amour et de bonheur. Il ne fait aucun doute que nous voulons prendre soin d'eux et veiller au mieux à leur santé et à leur bien-être. Le pendule est un puissant outil permettant d'en apprendre davantage sur votre ou vos animaux et ce dont ils ont besoin. Il est également utile pour comprendre la quantité de ce qu'il leur est nécessaire ou le temps que pourrait prendre une blessure pour guérir. Recourir à des diagrammes peut être très utile lorsque vous travaillez avec votre pendule pour prendre soin d'un animal de compagnie, qui n'est pas doté de la parole.

Vous pourrez utiliser votre pendule de diverses façons afin d'être en mesure de comprendre ce dont il a besoin et d'entrer en relation avec lui pour déterminer ce qui pourrait l'affecter. Si votre animal de compagnie ne se comporte pas comme d'habitude, s'il est fatigué, léthargique ou s'il n'a tout simplement pas l'air d'aller bien, prenez votre pendule pour faire les exercices suivants. Pour vous aider, faites appel à votre superpouvoir : votre intuition. Une fois que vous aurez reçu des réponses, il est toujours préférable de pécher par excès de prudence et de consulter votre vétérinaire pour lui demander son avis sur ce dont pourrait avoir besoin votre compagnon à pattes.

Les exemples dans ce livre sont uniquement donnés à titre indicatif et ne constituent pas des conseils médicaux ou des soins que dispensent les professionnels. Les informations fournies ne doivent pas être utilisées pour diagnostiquer ou traiter un problème de santé ou une maladie, et nous recommandons vivement aux lecteurs souhaitant obtenir des conseils médicaux pour leur animal de compagnie de toujours solliciter l'avis d'un vétérinaire agréé sur son état de santé.

Le calibrage du pendule pour les animaux de compagnie

Calibrer un pendule pour votre animal de compagnie renforce le lien qui les unit.

Voici les étapes à suivre :

1. Ancrez-vous et énoncez votre intention et la source de laquelle vous souhaitez recevoir vos réponses.
2. Tenez votre pendule au-dessus du dos ou du ventre de votre animal de compagnie. Si vous avez un pendule qui lui est réservé, suspendez-le à une chaînette plus longue.
3. Demandez au pendule de bien vouloir vous montrer à quoi correspond le « oui » pour [nom de votre animal de compagnie].
4. Demandez au pendule de bien vouloir vous montrer à quoi correspond le « non » pour [nom de votre animal de compagnie].

Après avoir suivi ces étapes, posez des questions à propos de votre animal de compagnie. Pour voir où pourraient se situer des problèmes internes, tenez le pendule au-dessus de diverses zones de son corps et prêtez attention là où il oscille. À partir de là, vous serez en mesure de déterminer s'il s'agit d'un problème qui doit être confié à un vétérinaire. Pour indiquer « oui » ou « non », le pendule pourrait tourner dans le sens horaire ou antihoraire. Si vous n'êtes pas sûr de ce qu'indique chaque mouvement, demandez à votre pendule de le clarifier.

Voici quelques exemples pour vous en faire une meilleure idée :

- « Ai-je raison de penser que [nom de votre animal de compagnie] a des problèmes digestifs en ce moment ? » Si vous recevez un « oui » :
- « Les problèmes digestifs dont souffre [nom de votre animal de compagnie] sont-ils dus à la nourriture qu'il consomme actuellement ? » Si vous recevez un « non » :
- « Les problèmes digestifs dont souffre [nom de votre animal de compagnie] sont-ils dus à ce qu'il a mangé dans le parc ? » Si vous recevez un « oui » :
- « Ai-je raison de penser qu'il est préférable d'utiliser une pierre de lune pour aider [nom de votre animal de compagnie] à se rétablir ? »

Continuez à poser les questions sur ce qui vous intrigue au sujet de votre animal de compagnie. Vous pourrez ensuite agir en fonction. Suivez les étapes de calibrage et essayez de procéder vous-même aux soins énergétiques. Entre-temps, consultez toujours votre vétérinaire pour déterminer la meilleure marche à suivre. Il y a beaucoup à savoir sur le travail énergétique pour les animaux de compagnie. Nous aimons recourir à notre pendule pour répondre aux questions de base que nous nous posons à propos des nôtres. Cependant, pour ce type d'intervention, il est très utile et recommandé de consulter un énergéticien professionnel spécialisé dans les animaux domestiques.

Identifiez les cristaux pouvant répondre aux besoins de votre animal de compagnie

Si vous savez vous guérir vous-même en pratiquant la lithothérapie, recourir aux mêmes cristaux aidera potentiellement votre animal de compagnie. Ceux qui favorisent la guérison permettent de traiter bon nombre de problèmes, dont l'agressivité, la peur, l'anxiété, l'attachement, la timidité, les aboiements excessifs, la gestion du changement, les traumatismes et les troubles digestifs tels que les maux d'estomac. Laissez les cristaux opérer leur magie en libérant leurs propriétés guérisseuses. Votre compagnon s'imprégnera de leur énergie.

Notre façon préférée d'intégrer un cristal dans la vie de nos animaux de compagnie consiste à utiliser un pendule auquel est fixée une pierre favorisant la guérison. Nous créons spécialement pour les animaux domestiques de petits pendules qui peuvent être attachés à un pendule interchangeable ou à leur collier, en fonction de la taille de l'animal ou de ce qui vous convient. Lisez la suite pour savoir quels sont nos cristaux préférés et comment travailler avec ce type de pendule.

Quartz rose

Ce cristal symbolise l'amour inconditionnel. Ses propriétés apaisantes soulagent la frustration et la tension nerveuse, apportent du réconfort dans les situations stressantes et transmettent des sentiments de sécurité et de paix. Si votre ami à fourrure a été recueilli, le quartz rose peut aider à remédier aux traumatismes du passé et favoriser des liens plus forts. Si votre animal est tendu ou timide en présence d'inconnus, le quartz rose l'aidera à apprendre la manière d'accepter l'affection et la compagnie, et contribuera à dissiper la peur, la remplaçant par un sentiment de confiance et d'amour. Autre avantage, ce cristal aide assurément les animaux de compagnie sujets à la frustration et à l'irritabilité et, potentiellement, à atténuer la tension musculaire et à accélérer la guérison en cas de blessures physiques.

Améthyste

Ce cristal guérisseur par excellence remédie à la souffrance physique ou émotionnelle pouvant affecter votre animal de compagnie. S'il manque d'énergie, l'améthyste lui en apportera ce qu'il faut pour jouer et gambader en s'en donnant à cœur joie. Ce cristal est indispensable si votre chat ou votre chien est âgé. Nos chiens sont parvenus à retrouver leur calme après une situation stressante avec l'aide de cette pierre alliée, qui les a aidés à se détendre en les apaisant.

Quartz transparent

Si vous cherchez à améliorer la santé générale de votre compagnon à pattes, ce quartz est un excellent choix. Il permet d'éliminer les énergies négatives, génère un sentiment de calme et fait gagner en confiance votre animal lorsqu'il interagit avec d'autres personnes. Ce cristal guérisseur permet également de remédier aux aboiements excessifs ou à l'agressivité. Il agit comme un amplificateur, ce qui signifie qu'il peut aider votre animal de compagnie dans toute intention. Ainsi, si celui-ci a besoin de guérir à un endroit précis ou d'atténuer une certaine émotion, fixez-vous une intention avec votre quartz transparent et vous serez témoin de l'effet magique qu'il produit.

Pierre de lune

Cette pierre apporte une énergie réconfortante, apaisante, pour aider votre chien ou votre chat à se rétablir à la suite d'expériences traumatisantes. Considérée comme la « pierre des nouveaux départs », elle est excellente pour un animal de compagnie après une intervention chirurgicale ou un déménagement, ou encore si vous venez de l'adopter dans un refuge. Si votre animal est impulsif ou réactif, les énergies douces et apaisantes de la pierre de lune stabilisent potentiellement les émotions et atténuent la nervosité, détendant l'atmosphère dans son environnement. Elle contribue au bon fonctionnement de l'appareil digestif. De ce fait, si votre animal de compagnie a des problèmes d'estomac, elle l'aidera à éliminer les toxines et la rétention d'eau, ainsi que les affections dégénératives de la peau, du pelage et des yeux.

Citrine

Connue comme la pierre de la joie et du bonheur, elle dynamise tous les aspects de la vie. Elle augmente l'estime de soi et la confiance en soi et stimule le cerveau. Si votre animal de compagnie est timide ou léthargique, essayez-la pour favoriser sa motivation et stabiliser ses émotions. Les animaux qui présentent des signes de dépression, de peur ou d'anxiété de séparation bénéficieront de la capacité de la citrine à susciter en eux un enthousiasme positif.

Purifiez et rechargez les cristaux réservés à votre animal de compagnie

De nombreuses méthodes permettent de purifier les cristaux et les pierres précieuses. Lorsque vous ramenez initialement chez vous le cristal que vous allez réserver à votre animal et à chaque fois que vous en aurez besoin, purifiez-le par la fumée ou laissez-le au clair de lune, en particulier si elle est pleine. Pour plus de détails, référez-vous au chapitre 4 sur la façon de purifier et de recharger votre pendule. Qu'il s'agisse d'apaiser l'anxiété de séparation que ressent votre animal de compagnie, de son hyperactivité, de soulager ses douleurs articulaires ou de renforcer le lien affectif qui vous unit, un pendule constitué de cristaux contribuera à sa guérison. C'est efficace, naturel, facile et pratique. Un moyen infaillible d'améliorer naturellement le bien-être général de votre compagnon à fourrure et de renforcer votre relation consiste à utiliser votre pendule pour la guérison énergétique, ou à en attacher un au collier de votre animal – si cela ne lui pose aucun risque.

L'HISTOIRE DE SKY ET DE LANA

Lorsque j'ai vu Sky sur Petfinder, un site web qui présente des chiens en vue d'une adoption potentielle, j'ai marqué un temps d'arrêt. Je ne sais pas pourquoi ; il a simplement retenu mon attention et j'ai su que je devais me renseigner sur lui. À ce moment-là, je faisais des recherches sur ce site, mais sans être vraiment prête ou sérieuse à l'idée d'adopter personnellement un chien.

Deux jours plus tard, Sky est rentré avec moi à la maison. Ce chiot husky de 9 mois était turbulent, comme il se doit.

La transition fut plutôt rude, mais j'ai adoré mon nouveau rôle de maman d'un toutou. Mon fils était ravi et mon partenaire, qui avait déjà eu des chiens, m'a considérablement aidée.

Vers l'âge d'un an et demi, nous avons remarqué une sorte de lésion sur le menton de Sky. Au bout de quelques semaines, la situation ne s'était pas améliorée et la lésion avait pris de l'ampleur. Elle a continué à s'aggraver et, avant que nous ayons compris ce qui se passait, elle s'était étendue au-dessus de l'un de ses yeux. Nous ne savions pas quoi faire. Les visites chez le vétérinaire et ses factures ont commencé à s'accumuler, mais nous étions déterminés à trouver ce qui n'allait pas. L'adorable visage de Sky était assombri par ces lésions affreuses qui lui faisaient perdre sa fourrure. Et nous ne savions pas s'il souffrait. Il ne le semblait pas et il se grattait rarement.

L'année suivante, nous sommes allés de vétérinaire en vétérinaire pour essayer de comprendre ce qui n'allait pas. Il fut déterminé qu'il pouvait s'agir d'une carence en zinc, et nous avons été orientés vers une vétérinaire qui s'occupait souvent de chiens de traîneau et qui connaissait la race husky. Nous l'avons consultée régulièrement, avons fait des tests et essayé plusieurs médicaments et traitements topiques. Cela n'a pas facilité notre relation avec Sky, car pour appliquer ces crèmes, nous devions être constamment là.

Au bout d'une autre année, notre vétérinaire nous a dit qu'elle ne pouvait rien faire de plus pour nous aider à résoudre le problème, et qu'il s'agissait très probablement d'une maladie auto-immune. Nous avons alors été orientés vers un dermatologue vétérinaire pour effectuer d'autres examens et vérifier si c'était bien le cas. Nous étions dévastés. Une maladie auto-immune signifiait qu'elle pouvait être fatale. J'ai pris immédiatement rendez-vous pour une consultation dermatologique la semaine suivante.

À ce moment-là, Sky prenait en complément du zinc, mais c'était tout. Nous avions essayé plusieurs médicaments, y compris divers stéroïdes pour atténuer l'inflammation et faire disparaître les lésions. Les effets secondaires étaient terribles ! Sky est devenu un husky grassouillet, ce qui lui a causé des difficultés pour gambader et jouer comme il le faisait auparavant. Les stéroïdes l'ont aussi extrêmement déshydraté. Il engloutissait de l'eau comme s'il venait de traverser le désert, toute la journée et tous les jours, ce qui l'a amené à uriner fréquemment et il a commencé à avoir des accidents la nuit. Pendant près d'un an, nous avons dû nous lever chaque nuit, parfois à deux reprises, pour le laisser sortir faire ses besoins. C'était comme s'occuper d'un nourrisson !

La semaine précédant sa consultation dermatologique importante chez le vétérinaire, je me suis assise avec mon pendule pour obtenir des conseils. J'avais l'intuition que Sky ne recevait pas assez de zinc et j'étais bouleversée par la nouvelle qu'il souffrait probablement d'une maladie auto-immune. J'ai demandé s'il avait besoin de plus de zinc. J'ai reçu un « oui » franc et massif. J'ai également demandé s'il s'agissait d'une maladie auto-immune. J'ai reçu un « non » catégorique. Hein ?! Mais la vétérinaire avait dit que c'était très probablement le cas, et je lui ai fait confiance. Ce n'était pas la réponse que j'attendais, mais elle m'a un peu rassurée. En fonction de ces informations, j'ai commencé à donner à Sky une dose de zinc supplémentaire, même si nous n'avions pas encore vu le vétérinaire. Je savais que cela ne pouvait pas lui faire de mal d'en prendre encore jusqu'à la consultation prévue.

La semaine suivante, nous l'avons emmené chez le vétérinaire qui a effectué des examens dermatologiques. Les résultats ? Il avait besoin de plus de zinc et il ne s'agissait pas d'une maladie auto-immune. Je n'arrivais pas à le croire ! Mon intuition ne s'était pas trompée, même sur un sujet comme celui-ci. Au cours des deux années pendant lesquelles nous sommes allés de vétérinaire en vétérinaire, j'avais lu des articles sur l'origine du problème et trouvé des précisions sur la carence en zinc chez les chiens. Mon inconscient avait retenu toutes ces informations. J'aurais de toute façon emmené Sky chez le vétérinaire, sans poser de questions. Je n'ai pas du tout les connaissances nécessaires pour diagnostiquer mon chien. Mais qu'un vétérinaire ait confirmé ce que je savais être vrai au plus profond de moi m'a stupéfiée.

Je suis heureuse d'annoncer que Sky va beaucoup mieux aujourd'hui. Il doit prendre un complément de zinc à vie, mais il est heureux. Je réalise enfin mon rêve d'enfant d'avoir un chien… ou plutôt deux puisque nous avons adopté depuis un autre husky ! Je suis tellement reconnaissante d'avoir pu travailler avec mon pendule pour me rassurer et m'aider à trouver la meilleure solution pour prendre soin de notre Sky bien-aimé.

Chapitre 7

RÉSOLUTION DE PROBLÈMES

Que vous soyez novice ou un praticien chevronné, il peut arriver que votre pendule ne bouge plus ou qu'il oscille de manière irrégulière. Et s'il ne fonctionne plus du tout ? Et s'il se casse ? Ce sont là de bonnes questions. Essayons de résoudre les problèmes !

Voici quelques raisons pour lesquelles vous pourriez avoir besoin de prendre du recul :

Vous n'êtes peut-être pas dans le bon état d'esprit. Vous pourriez penser que vous êtes fin prêt, mais c'est votre moi supérieur qui sait si vous l'êtes, ainsi que ce qui vous convient le mieux. Posez votre pendule et revenez-y lorsque vous vous sentirez plus ancré et l'esprit plus clair. Tout du moins, passez quelques heures sans lui. Apaisez votre esprit et votre corps en vous détendant, en faisant une sieste, en vous prélassant dans un bain chaud ou en vous promenant dans la nature. L'exercice physique vous permettra efficacement de vous ressourcer. Lorsque vous vous sentirez régénéré, calme et en paix, reprenez la séance avec votre pendule.

Votre pendule n'est pas calibré correctement. Nous recommandons que chaque fois que vous vous asseyez pour une séance avec votre pendule, vous preniez un moment pour le calibrer afin de déterminer ses mouvements correspondant à « oui », « non », « peut-être » et « pas maintenant ».

Par ailleurs, nous vous conseillons de commencer la séance en posant quelques questions dont vous connaissez la réponse, telles que : « Ai-je bu du café ce matin ? » Grâce à cette simple pratique, vous vous préparez en toute confiance à ce qu'elle soit réussie. En étant clair et à l'aise quant à la façon dont le pendule bouge en fonction de votre personne, vous trouverez un grand réconfort dans les réponses que vous cherchez.

Vous êtes malade. Évitez d'utiliser votre pendule si vous ne vous sentez pas bien. Prenez le temps de vous reposer et de prendre soin de vous. Restez hydraté en buvant beaucoup d'eau. Revenez-y lorsque vous vous sentirez mieux.

Vous n'êtes pas à l'aise ou vous êtes assis inconfortablement. Assurez-vous de vous installer confortablement pour travailler avec votre pendule, idéalement à un bureau ou à une table. Posez le coude du côté de votre main dominante sur le plateau si cela vous convient. Placez un coussin dans votre dos pour vous tenir droit.

Votre environnement est trop chaotique. Utilisez-vous votre pendule alors que votre famille bourdonne autour de vous et vous déconcentre ? Il y a de fortes chances qu'il fonctionne toujours très bien dans une pièce animée. Cependant, si vous avez la possibilité de vous installer dans un endroit tranquille où vous pourrez vous connecter à votre pendule à un niveau profond, c'est là que vous obtiendrez les meilleurs résultats. Si vous disposez d'un espace sacré dédié à la méditation ou au travail énergétique, ce sera le mieux pour pratiquer avec votre pendule, notamment en vue de résoudre des problèmes majeurs. Gardez à l'esprit que si vous travaillez finalement avec votre pendule dans un environnement chaotique, les cristaux le composant s'imprégneront de l'énergie du lieu en question. Veillez par conséquent à le purifier et à le recharger par la suite.

Vous êtes sceptique quant à la pratique du pendule. Il est essentiel de croire au pouvoir de cet instrument qui vous permet de vous connecter à votre intuition. Si vous ne croyez pas qu'il se connecte à votre inconscient et à votre énergie, devinez quoi ? Il ne le fera pas. Une personne ouverte et réceptive au travail avec le pendule obtiendra de bien meilleurs résultats. Si vous êtes sceptique, nous vous recommandons d'en apprendre davantage sur cette pratique ancestrale et de l'essayer lorsque vous y serez disposé.

Le moment est mal choisi. Si vous êtes pressé, le pendule risque de capter votre énergie précipitée. Nous vous invitons à consacrer du temps à votre pratique. En prévoyant un moment dans votre agenda au quotidien en vue de vous connecter à votre pendule, vous l'honorerez. En pratiquant ainsi chaque jour, cela vous permettra assurément de mieux vous connaître et d'avoir de plus en plus confiance dans vos décisions.

Votre pendule a emmagasiné de l'énergie stagnante ou quelqu'un l'a manipulé. Afin d'y remédier, il pourrait s'agir simplement de le purifier et de le recharger. Rien de plus facile : rangez votre pendule avec un fragment de sélénite. Nous vous recommandons également de lui témoigner de la gratitude, de l'attention, de l'amour et du respect. L'honorer ainsi vous apportera les meilleurs résultats. Prenez-en bien soin et il prendra bien soin de vous !

Il est possible que vous ayez des déséquilibres ou des blocages énergétiques qu'il est nécessaire d'aborder. Cela arrive. Nous avons tous des blocages énergétiques de temps en temps, parfois quotidiennement. Travaillez avec un ami ou un partenaire pour ouvrir vos chakras (voir p. 125) et permettre à votre énergie de circuler librement. Bien sûr, vous pourrez aussi le faire pour vous-même. Attendez quelques heures puis réessayez.

Ce n'est pas le pendule idéal pour vous. Parfois, ce n'est tout simplement pas celui qui vous convient. Essayez-en un autre qui vous attire. Expérimentez en fonction d'une diversité de formes, de poids et de cristaux. Ayez confiance, le pendule parfait vous trouvera, nous avons vu cela se produire si souvent. Choisir un pendule est une expérience amusante, ludique. Ne vous stressez pas à ce sujet. Contentez-vous d'y croire !

Il est temps de remplacer votre pendule. Il n'est pas rare que nous rencontrions des personnes qui nous disent que leur pendule a « disparu » on ne sait comment. Il est fort possible qu'elles l'aient égaré ; cependant, nous pensons que les pendules sont dotés de leur propre esprit et peuvent s'éclipser. Il est probable que ce qui devait être accompli avec un pendule en particulier est terminé et qu'il est temps de le remplacer.

De plus, comme nous l'avons mentionné, les cristaux composant certains pendules stagnent parfois. Comme tout autre outil, le pendule peut avoir une durée de vie limitée. En fonction de la façon dont vous prenez soin du vôtre, il peut arriver qu'il s'use. D'un point de vue énergétique, il se pourrait que vous soyez tout simplement prêt à en trouver un nouveau. Lorsque cela est ressenti au niveau vibratoire, le pendule pourrait cesser de fonctionner aussi bien pour vous.

Vous avez besoin d'un nouveau pendule en vue d'un autre objectif. Il s'agit d'un outil extrêmement personnel. Une fois que vous êtes connecté à votre pendule et qu'il est connecté à votre énergie, ne le partagez pas avec quiconque. Si vous êtes un praticien exerçant en particulier dans le domaine des arts de la guérison, votre pendule personnel n'est pas idéal pour dispenser des soins à vos patients, car il travaille exclusivement avec votre énergie. Nous vous recommandons d'avoir un ou deux pendules distincts à réserver aux soins que vous prodiguez. Si vous partagez votre pendule personnel avec un ami qui s'intéresse à cette pratique, vous pourrez le faire à l'occasion. Cependant, sachez qu'il risque de ne plus être aussi efficace pour vous par la suite. Dans ce cas, il sera judicieux de le purifier et de le recharger. Cela devrait lui permettre de retrouver son état d'origine.

Votre pendule se casse. Voilà un sujet ne manquant pas d'intérêt. Parfois, les gens transportent leur pendule dans leur sac à main ou une pochette, où il finit par être ballotté. Avec le temps, cela peut entraîner une usure, et il risque de se casser. Il est important de prendre bien soin de votre pendule. Si vous le transportez – et nous vous y invitons vivement, car on ne sait jamais quand on a besoin de conseils et d'éclaircissements –, rangez-le dans un étui ou un contenant protecteur. Veillez à ce qu'il soit enveloppé de quelque chose de doux pour amortir tout choc éventuel. Il n'est pas rare qu'un pendule se brise sans explication. Auquel cas, il est possible qu'il ait pris un « coup » pour vous ou qu'il vous ait protégé de quelque chose. Son travail est alors terminé.

Résumé de la résolution des problèmes

L'efficacité du pendule dépend de votre capacité à vous connecter à votre sagesse intérieure. Il serait utopique de vivre en permanence une vie débordant de hautes vibrations, mais soyons réalistes : en tant qu'êtres humains, nous ne nous sentons pas toujours au mieux de notre forme. Il est important d'être dans le bon état d'esprit pour que l'énergie circule librement lorsque vous travaillez avec votre pendule. Cependant, même si vous n'êtes pas dans le meilleur état d'esprit, avec de la pratique et de la patience, vous pourrez y recourir si nécessaire. Procédez à une méditation d'ancrage ou à un exercice de visualisation pour favoriser un meilleur état d'esprit. Si vous sentez que vous avez le moral à zéro, n'oubliez pas que vous ne passerez probablement pas d'un extrême à l'autre après une seule pratique d'ancrage. Essayez d'élever votre vibration de quelques degrés sur l'échelle émotionnelle pour revenir à un état neutre. Le simple fait de vous sentir un peu mieux devrait vous aider.

N'oubliez pas non plus de vous concentrer sur vos questions. Ne faites pas plusieurs choses à la fois en utilisant votre pendule. La connexion avec votre cœur et votre esprit est indispensable pour que ce soit une réussite. Si vous ne croyez pas et ne faites pas confiance, votre moi supérieur le sait déjà et, en fin de compte, cela pourrait représenter pour vous le plus grand obstacle. Il est essentiel que votre relation avec votre pendule soit harmonieuse, alors assurez-vous de faire confiance au processus et, plus important encore, amusez-vous et profitez-en !

CONCLUSION

Pour nous, les pendules représentent bien plus qu'un instrument pour trouver des réponses en recourant à l'introspection. Depuis des siècles, ils sont tenus en haute estime à travers le monde pour leur précision, leur simplicité d'utilisation et leur efficacité par des chefs spirituels, des leaders culturels, des scientifiques, des chamans, des praticiens des thérapies énergétiques, entre autres. Ce petit outil magnifique, souvent pris pour un bijou, incarne un changement plus important qui se produit à l'échelle planétaire. Ce changement correspond à **un voyage introspectif**.

Tout comme la méditation, le pendule peut contribuer à apaiser l'esprit et à offrir une échappatoire temporaire du monde extérieur. Lorsque vous vous ancrez dans un endroit tranquille et commencez à travailler ensemble, votre esprit passe à un état d'attention profonde et focalisée. Utilisé avec des intentions bienveillantes, il peut devenir **un instrument essentiel pour le bien-être général du corps et de l'esprit**. Entrer dans un état méditatif en l'utilisant permet de moduler à la baisse l'activité des ondes cérébrales et d'éteindre le bruit mental. Apprendre à lâcher prise, à vous en remettre à votre sagesse intérieure et à la laisser vous guider vers les réponses vous permet de commencer à vous aligner sur ce qui est vraiment authentique et significatif pour vous. Et lorsque vous vivez votre vie avec authenticité, elle devient plus douce, plus joyeuse et plus en relation. Laisser s'éloigner son ego, cet aspect contrôlant de soi-même qui veut toujours avoir raison, afin de recevoir ce qui est pour son plus grand bien sans s'attacher au résultat : telle est l'approche de HeartCentric.

Nous espérons que ce livre vous aura inspiré pour en apprendre davantage sur le pendule et entraîné dans un voyage d'exploration dans les profondeurs de votre âme. Notre mission est de faire connaître cet instrument au plus grand nombre afin que chacun puisse vivre au mieux et contribuer à une transformation plus vaste, déjà en cours sur le plan collectif. Notre plus grand souhait est que chacun sans exception lisant ce livre trouve sa voie vers sa vérité la plus authentique grâce au pendule, et ce faisant, transforme au mieux sa vie en générant un effet d'entraînement. Lorsque nous vivons dans la joie que nous éprouvons au plus profond de nous, nous nous sentons plus en relation avec nous-mêmes, avec les autres et avec le monde. En fin de compte, c'est ce qui permettra à notre conscience collective de poursuivre son évolution vers une Nouvelle Terre.

Le pendule établit une passerelle vers le cœur et l'âme en chacun de nous. Les réponses que nous cherchons sont déjà en nous, attendant d'être révélées grâce à notre intuition. Il est notre guide et nous aide à ralentir, à entrer en relation et à prendre conscience de la magie qui nous entoure. Le fait d'avoir cet extraordinaire assistant d'orientation qui vous est personnellement dévoué comporte des bienfaits, le plus important étant qu'il ne vous indique que la bonne voie : la vôtre. Ce livre ne fait qu'effleurer les possibilités et les utilisations infinies qu'offre le pendule. Si vous êtes curieux d'aller plus loin, nous vous invitons à vous joindre à nous dans notre voyage, alors que nous continuons à explorer le potentiel illimité de sa pratique pour vivre au mieux notre vie.

Retrouvez-nous sur HeartCentric Coaching & Divine Creations (https://hcdivinecreations.com/).

Appendice

MÉTHODES D'UTILISATION DU PENDULE

Les diagrammes et les exercices suivants vous permettront de développer votre intuition et votre pratique du pendule. Nous vous invitons à vous amuser en expérimentant, et à personnaliser votre méthode. Ne vous découragez pas s'il vous faut un peu de temps pour l'affiner. N'oubliez pas que, comme tout autre muscle que vous voulez renforcer, votre régime d'exercices demandera un peu de dévouement et de patience. Restez ouvert et curieux aux conseils que vous recevrez et, surtout, faites-vous confiance. Nous ne doutons pas que vous y parviendrez !

Exercices avec les diagrammes de pourcentages et de l'échelle de 0 à 10

Parfois, lorsque nous obtenons une réponse par l'intermédiaire de notre pendule, nous voulons creuser un peu plus afin d'être sûres qu'elle se vérifie sans équivoque. C'est à ce moment-là que le diagramme des pourcentages est utile pour savoir si quelque chose nous convient en ce moment absolument, sans le moindre doute, ou si ce n'est pas optimal à 100 %.

Voici un exercice rapide à faire avec ce diagramme :

- Après vous être assis dans un endroit tranquille, vous être ancré et avoir calibré votre pendule, commencez en lui posant une question simple. Par exemple, si vous avez décidé de vous faire tatouer pour la première fois (une décision importante et définitive en soi), vous pourriez lui demander : « Est-il dans mon intérêt de me faire tatouer ? »

- Si vous obtenez un « oui », posez cette question : « Est-il dans mon intérêt à raison de 100 % de me faire tatouer ? » Si vous obtenez un « non », poursuivez vos recherches à l'aide du diagramme des pourcentages.
- Tenez votre pendule en bas de ce diagramme, au centre. Posez-lui votre question et il commencera à osciller vers un certain pourcentage. Lorsque vous voyez clairement celui dont il s'agit, vérifiez en demandant à votre pendule si ce nombre est exact. Si vous obtenez 95 % à votre question, alors vous faire tatouer est toujours une bonne idée. Maintenant, la question des plus amusantes est : à quel emplacement allez-vous faire réaliser votre tatouage ?

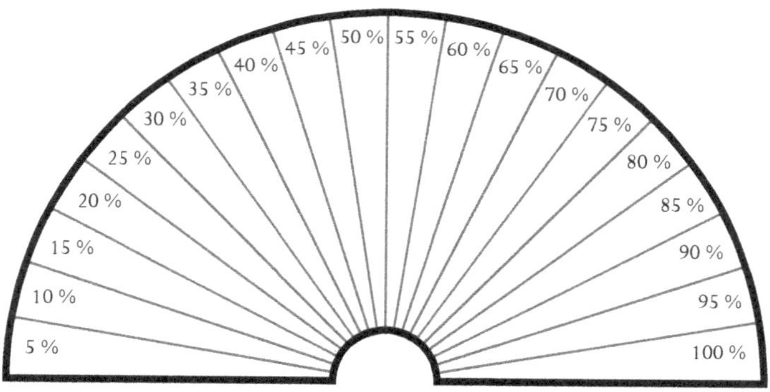

Diagramme des pourcentages

Vous pourrez également déterminer ce qui vous convient le mieux en utilisant le diagramme suivant de 0 à 10. Si vous vous demandez si la tenue que vous avez choisie correspond à 10/10, il vous suffit d'utiliser cette échelle comme le diagramme des pourcentages. Cet exercice peut demander un peu de pratique, mais avec le temps, vous y deviendrez expert !

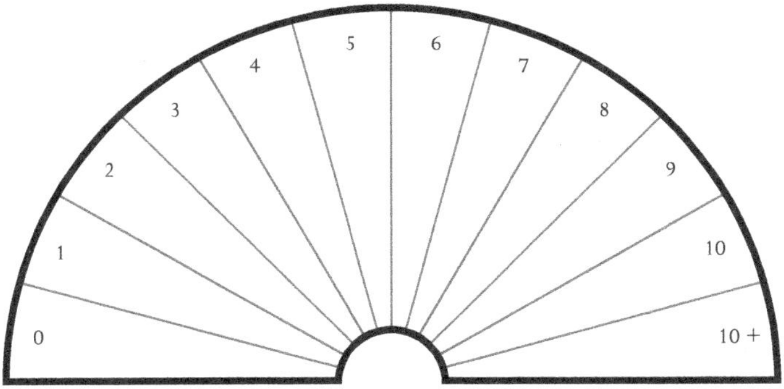

Diagramme de l'échelle de 0 à 10

Diagramme de l'alphabet

Il sera très utile pour épeler une réponse, par exemple afin d'apprendre le nom de votre guide spirituel. Prenez un moment pour apaiser votre esprit dans un endroit tranquille. Après vous être ancré et avoir calibré votre pendule, tenez-le au-dessus du diagramme de l'échelle de 0 à 10 et demandez : « Combien de lettres composent le nom de mon guide spirituel ? » Une fois que vous aurez obtenu une réponse, tenez votre pendule au-dessus du diagramme de l'alphabet et demandez-lui de vous montrer la première lettre du nom de votre guide, puis la deuxième, et ainsi de suite, jusqu'à ce que son nom complet ait été épelé.

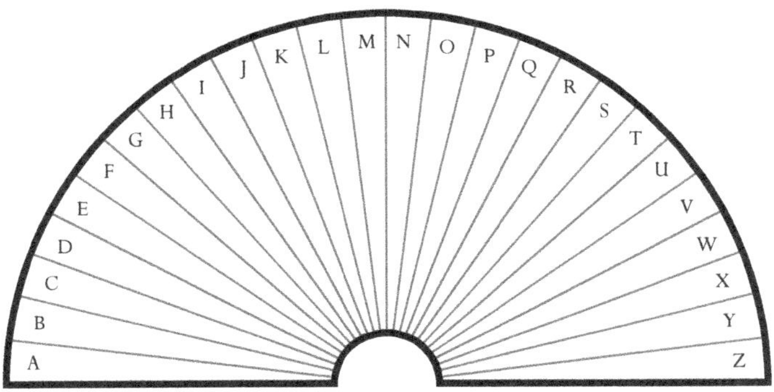

Diagramme de l'alphabet

Exercice des dimensions du bien-être

De multiples facteurs contribuent à notre bien-être au quotidien. Nos valeurs personnelles, notre situation actuelle, notre environnement et les choix que nous faisons influencent tous notre sentiment de bien-être à tout moment. Cet exercice nous aide à puiser dans les sept dimensions du bien-être sur le plan physique – la santé –, émotionnel, social, spirituel – la raison d'être –, professionnel – satisfaction dans la carrière –, environnemental et financier. En déterminant le ou les domaines de notre vie qui ont besoin de davantage d'attention, il est possible de s'engager sur la voie de la guérison. Cette prise de conscience est essentielle. Ces sept dimensions du bien-être permettent potentiellement de détecter quelles sont les batteries qui sont à plat afin de les recharger intentionnellement. Interconnectées, elles s'influencent mutuellement pour générer un sentiment plus complet de bien-être général.

Prenez un moment pour apaiser votre esprit dans un endroit tranquille. Après avoir calibré votre pendule, tenez-le au-dessus de ce diagramme en posant cette question : « Quelle dimension contribuera à améliorer mon bien-être général ? » Déplacez lentement le pendule au-dessus de chaque triangle. Lorsque vous obtenez un mouvement indiquant « oui » au-dessus de l'un d'eux, vous aurez trouvé la réponse. L'étape suivante, la plus importante, est de réfléchir et d'évaluer les raisons pour lesquelles cette opportunité s'est présentée. Tenez un journal et élaborez un plan sur la manière dont vous pensez pouvoir améliorer votre bien-être dans ce domaine en particulier. En consultant régulièrement ce diagramme pour recevoir des conseils et en agissant en fonction, il vous sera possible de mieux entretenir un sentiment de bien-être.

Diagramme des dimensions du bien-être

Exercice pour le bien-être physique

Vous concentrer sur votre bien-être physique peut vous aider à maintenir un poids sain et à réduire le risque d'un certain nombre de maladies. Dormir suffisamment, éviter l'alcool et consommer des aliments bons pour la santé contribuera de manière significative à votre bien-être. Lorsqu'on ne se sent pas en forme, cet exercice permet potentiellement de déterminer quelle activité choisir pour se sentir mieux.

Apaisez votre esprit dans un endroit tranquille. Après vous être ancré et avoir calibré votre pendule, tenez-le au-dessus de ce diagramme et demandez : « Que puis-je faire de mieux pour améliorer mon bien-être physique ? » Déplacez lentement le pendule au-dessus de chaque triangle. Lorsque vous obtenez un mouvement indiquant « oui » au-dessus de l'un d'eux en particulier, vous aurez votre réponse.

L'étape suivante, la plus importante, consiste à effectuer l'action vers laquelle vous venez d'être orienté. Une fois que vous l'aurez terminée, faites une pause et remarquez que votre bien-être physique a évolué. Vous sentez-vous plus énergique ? Êtes-vous plus à l'aise dans votre peau ?

Cette réflexion est essentielle afin d'apprendre à établir des habitudes saines qui améliorent positivement votre santé physique. La réflexion vous guidera pour les adopter sur la durée.

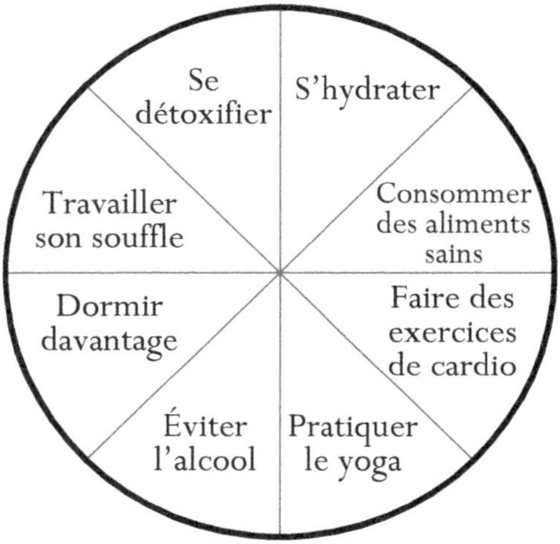

Diagramme du bien-être physique

Exercice pour élever votre vibration

Il nous arrive à tous de ne pas nous sentir au mieux de notre forme. Il se pourrait que ce sentiment provienne d'un épuisement mental ou physique, d'un échange éprouvant avec un proche ou d'une nouvelle difficile à digérer. En étant en proie à ces sentiments ou émotions pénibles, il est important de changer de perspective et d'élever sa vibration. Comment émerger de ce « cafard » et aller de l'avant afin de se présenter à soi-même ainsi qu'aux autres irradiant d'amour et de positivité ?

Le recours à des comportements malsains (manger sous l'emprise du stress, abuser de l'alcool ou une mauvaise communication avec les autres) ne donne généralement pas de résultats positifs. Ce qu'il est possible de faire, c'est opter pour un comportement ou une action qui peut nous aider à passer à un meilleur sentiment en élevant notre vibration là où il sera possible de reconnaître la situation et d'y remédier objectivement. Notre inconscient connaît déjà la voie menant à ce changement. Ce simple exercice avec le pendule vous permettra de déterminer plus précisément la marche à suivre pour amorcer le processus de guérison. Apaisez votre esprit dans un endroit tranquille. Après vous être ancré et avoir calibré votre pendule, tenez-le au-dessus de ce diagramme et demandez : « Quelle est la meilleure activité à faire pour changer de perspective vers la positivité et la guérison ? » Déplacez lentement le pendule au-dessus de chaque triangle. Lorsque vous obtenez un mouvement indiquant « oui » au-dessus de l'un d'eux en particulier, vous aurez votre réponse. Si vous en obtenez plusieurs, demandez laquelle est la mieux adaptée pour vous aider à changer de perspective.

L'étape suivante, la plus importante, consiste à vous engager dans l'activité vers laquelle vous venez d'être orienté. Une fois que vous l'aurez terminée, faites une pause et remarquez comment vos sentiments ont évolué. La situation vous paraît-elle à présent plus claire ? Commencez-vous à voir l'enseignement à tirer de cette expérience ? Cette réflexion est essentielle pour apprendre à établir des habitudes saines qui modifient positivement votre vision des choses. La magie est partout, et la réflexion vous guidera assurément pour que vous en ayez toute conscience.

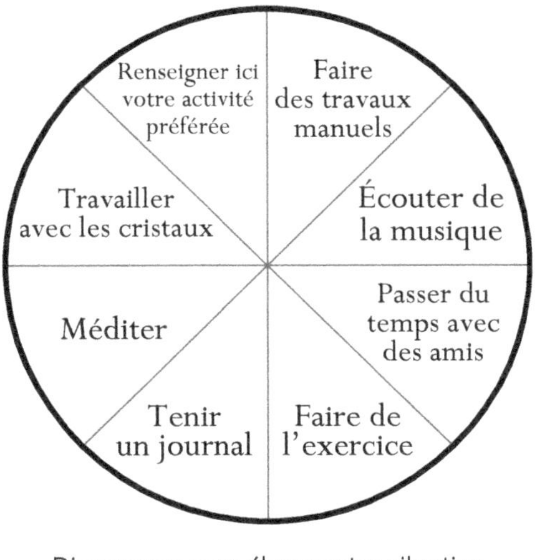

Diagramme pour élever votre vibration

Diagramme pour accueillir la positivité envers votre corps

Une autre façon de se nourrir et de se respecter consiste à adopter une attitude positive envers son corps, ce qui se rapporte à chacun de ses aspects en mettant l'accent sur la santé et le bien-être plutôt que sur l'apparence physique. Au lieu de se préoccuper de savoir si notre corps répond ou non aux attentes de la société, cette attitude positive nous encourage à l'honorer en nous concentrant sur ce qu'il nous permet d'accomplir.

En entretenant ainsi cette positivité, notre bien-être sur le plan mental, émotionnel et physique est favorisé. Si vous cherchez à honorer votre corps sans savoir comment procéder, utilisez le diagramme suivant proposant des rituels, et laissez votre pendule vous guider vers celui le mieux adapté pour ce moment en particulier, afin d'accueillir à bras ouverts votre corps magnifique et tout ce qu'il fait pour vous.

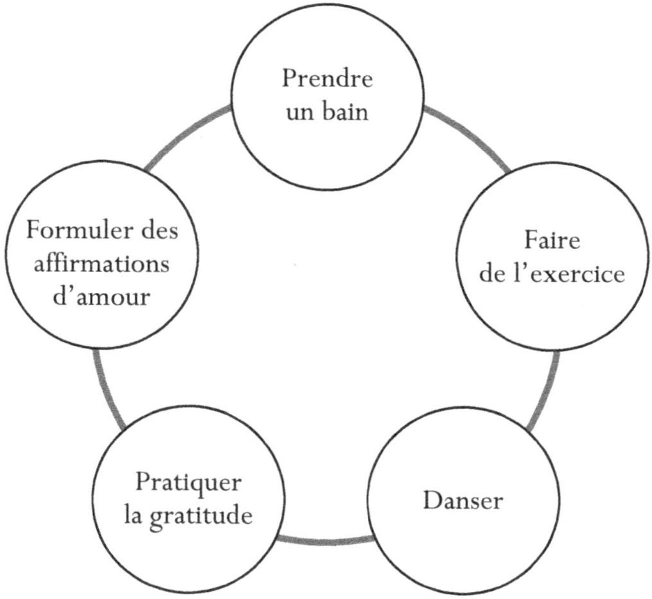

Diagramme pour accueillir la positivité envers votre corps

Avec quel cristal devrais-je travailler ?

Si vous êtes curieux de savoir avec quel cristal il est préférable de travailler un jour donné, voici une grille qui vous permettra de le déterminer à l'aide de votre pendule :

1. Rassemblez vos cristaux et disposez-les sur la grille prévue à cet effet.
2. Après vous être ancré dans un endroit tranquille et avoir calibré votre pendule, demandez : « Quel est le meilleur cristal avec lequel travailler aujourd'hui ? »
3. Tenez votre pendule au-dessus de chaque cristal jusqu'à ce que vous obteniez un mouvement indiquant clairement « oui ».
4. Si vous obtenez plus d'un « oui », sélectionnez ceux avec lesquels vous voulez travailler et posez la question suivante au sujet de chacun d'entre eux. Par exemple, si vous avez réduit le nombre de cristaux à trois, demandez : « Le lapis-lazuli est-il le meilleur cristal avec lequel travailler aujourd'hui par rapport à la citrine ou à l'aventurine ? » Vous pourrez également demander si pratiquer avec deux cristaux, ou avec les trois, est idéal pour vous en ce moment. Il n'y a pas de limite.

Grille où disposer vos cristaux

Créez vos propres diagrammes

Complétez le modèle vierge suivant pour créer vos propres diagrammes en fonction des questions que vous souhaitez explorer avec votre pendule.

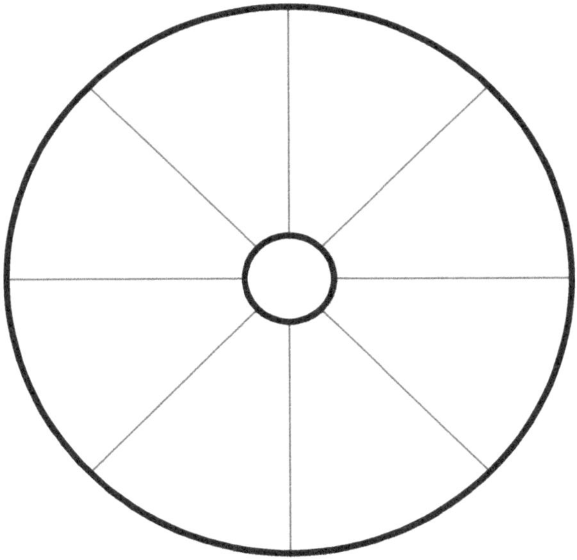

Diagramme vierge

Feuille de travail pour planifier une séance avec votre pendule

La feuille de travail fournie a été conçue pour vous aider à planifier une séance avec votre pendule. La recherche montre qu'en écrivant ce sur quoi nous travaillons, qu'il s'agisse de nos intentions ou de nos objectifs, nous sommes mieux à même de retenir l'information et de manifester ce que nous désirons[1].

Personnalisez votre pratique du pendule et adaptez la feuille de travail en fonction. Il est possible que vous n'en ayez pas besoin et que vous préfériez recourir à votre esprit et à votre imagination, et c'est très bien ainsi. Utilisez-la si nécessaire, notamment en parallèle avec votre journal.

Ancrez-vous

- Comment parvenir à être bien présent ? Que dois-je laisser de côté ?
- Qui inviter pour être la source de mes réponses ?
- Quelle est mon intention ?
- Les questions-clés que j'envisage de poser :
  - Est-ce dans mon intérêt de...
  - Est-ce pour le plus grand bien de tous et pour mon plus grand bien de...
  -
  -
  -

Calibrez votre pendule et dirigez votre séance

Réflexion sur la séance

Apprentissages-clés

-
-
-

Étapes à suivre pour passer à l'action

-
-
-

Exprimez votre gratitude à l'égard des conseils qui vous ont permis de vous orienter

-
-
-

RESSOURCES RECOMMANDÉES

Lana et Karina proposent une collection d'instruments et de bijoux spirituels, des produits et des événements qui vous permettront d'accéder à votre intuition, à la transformation personnelle et professionnelle, à l'autonomisation et à la découverte de votre raison d'être.

Instruments et bijoux spirituels favorisant l'intuition :
https://hcdivinecreations.com
Coaching individuel et d'organisation :
www.heartcentriccoaching.com
Demandes de renseignements sur les conférences :
info@heartcentriccoaching.com
Instagram, Facebook et TikTok : @hcdivinecreations

Nous recommandons également les références suivantes que nous avons trouvées inspirantes sur notre parcours :

The Edge Magazine

Présente des articles, des événements et des entretiens sur l'esprit, le corps et l'âme, ainsi qu'un répertoire de praticiens et de services pour un mode de vie holistique.

www.edgemagazine.net

Galerie d'art Everett and Charlie

Suzie Marty en est la propriétaire et la conservatrice. L'exposition présente un échantillonnage complet, du sol au plafond, d'œuvres d'art originales d'une soixantaine d'artistes du Minnesota.

www.everettandcharlie.com

Dana Childs

Guérisseuse douée et intuitive, Dana met en avant des vérités personnelles qui favorisent le bien-être et la guérison.

https://danachildsintuitive.com

The OM Center of Healing

Ce centre abrite deux œufs harmoniques, des chambres de guérison brevetées, où l'on utilise le son, la lumière et les vibrations pour favoriser le bien-être et la guérison.

https://omoftheegg.com

New World Women

Cette association de femmes curieuses et engagées dans un voyage spirituel encourage leurs consœurs à prendre soin d'elles et les aide à recevoir des récompenses financières pour intégrer dans leur vie cette pratique consistant à prendre soin de soi.

www.newworldwomen.com

Livres recommandés

Disponibles en français

Bernstein Gabrielle, *L'Univers veille sur vous*, Éditions Trédaniel, 2018.

Fairchild Alana, *Les Messages des nombres. L'Univers vous parle*, Éditions Exergue, 2023.

Gawain Shakti, *Vivez dans la lumière. Développer l'amour et la confiance en soi pour l'inspirer aux autres*, J'ai Lu, 2004.

Gray Kyle, *Les Anges et les nombres. 11:11 et autres heures miroir*, Éditions Exergue, 2021.

Jackson Laura Lynne, *Signes. Le langage secret de l'Univers*, Ariane Éditions, 2021.

Lagan Heather Alicia, *La Numérologie chaldéenne pour débutants*, AdA, 2013.

Myss Caroline, *Anatomie de l'esprit. Le sens psychologique et énergétique des maladies*, J'ai Lu, 2004.

Newton Michael, *Journées dans l'au-delà*, Le Jardin des Livres, 2013.

Singer Michael A, *L'Âme délivrée. Un voyage au plus profond de nous-même*, J'ai Lu, 2016.

Weiss Brian, *De nombreuses vies, de nombreux maîtres. L'histoire véritable d'un éminent psychiatre, de sa jeune patiente et de leur découverte de l'au-delà*. J'ai Lu, 2015.

En anglais

Kaehr Shelley, *Heal Your Ancestors to Heal Your Life: The Transformative Power of Genealogical Regression*, Llewellyn Publications, 2021.

Kaehr Shelley, *Past Lives in Ancient Lands and Other Worlds. Understand Your Soul's Journey Through Time*, Llewellyn Publications, 2022.

Kaehr Shelley, *The Goddess Discovered. Exploring the Divine Feminine Around the World*, Llewellyn Publications, 2023.

Morningstar Dawn, *Venerable Women. Transform Ourselves, Transform the World*, Venerable Women, 2016.

Myss Caroline, *Through Time Into Healing. Discovering the Power of Regression Therapy to Erase Trauma and Transform Mind, Body, and Relationships*, Fireside, 1993.

Schwartz Robert, *Your Soul's Plan. Discovering the Real Meaning of the Life You Planned Before You Were Born*, North Atlantic Books, 2009.

Webster Richard, *How to Use a Pendulum. 50 Practical Rituals and Spiritual Activities for Clarity and Guidance*, Llewellyn Publications, 2020.

Webster Richard, *Llewellyn's Complete Book of Divination*, Llewellyn Publications, 2017.

BIBLIOGRAPHIE

Disponibles en français

Gray Kyle, *Élevez votre vibration. 111 pratiques pour augmenter votre connexion spirituelle*, Éditions Exergue, 2021.

Gray Kyle, *Les Anges et les nombres. 11:11 et autres heures miroir*, Éditions Exergue, 2021.

Gray Kyle, *Prières aux anges. Solliciter l'aide du ciel pour créer des miracles*, Éditions Exergue, 2014.

Webster Richard, *La Magie du pendule pour débutants. Le pouvoir de réaliser tous vos objectifs*, AdA, 2008.

En anglais

"Chakra Basics", International Association of Reiki Professionals, consulté le 6 novembre 2023, https://iarp.org/chakra-basics/.

"Crystal & Gemstone Therapy", Oriental Healing Oasis and Wellness Center, consulté le 22 septembre 2023, https://orientalhealingoasis.com/gemstone-crystal-therapy.

"Foucault Pendulum", Smithsonian, consulté le 21 septembre 2023, www.si.edu/spotlight/foucault-pendulum.

"Master Numbers Hold the Powerful Potential in Numerology", Numerology.com, consulté le 25 septembre

2023, www.numerology.com/articles/your-numerology-chart/core-numbers-numerology/.

"Meditation and Mindfulness: Effectiveness and Safety" National Center for Complementary and Integrative Health. National Institutes of Health, dernière mise à jour en juin 2022, www.nccih.nih.gov/health/meditation-and-mindfulness-effectiveness-and-safety.

"Merkaba Symbol", Ancient-Symbols.com, consulté le 6 novembre 2023, www.ancient-symbols.com/symbols-directory/merkaba.html.

"Numerology Plays a Key Role in Who You're Most Compatible With", Numerology.com, consulté le 25 septembre 2023, www.numerology.com/articles/about-numerology/angel-number-meanings/.

"Science of the Heart. Heart-Brain Communication", HeartMath Institute, consulté le 26 septembre 2023, www.heartmath.org/research/science-of-the-heart/heart-brain-communication/.

"The Energetic Heart Is Unfolding", HeartMath Institute, 22 juillet 2010, www.heartmath.org/articles-of-the-heart/science-of-the-heart/the-energetic-heart-is-unfolding/.

"Zhang Heng", New World Encyclopedia, consulté le 21 septembre 2023, www.newworldencyclopedia.org/entry/Zhang_Heng.

Bachler Käthe, *Earth Radiation*, John Living, 2007.

Beckler Melanie, "Angelic Hierarchy. Understanding the 9 Angel Ranks", Ask Angels, consulté le 25 septembre 2023, www.ask-angels.com/spiritual-guidance/angelic-hierarchy/.

Bernstein Gabby, "How to Ask the Universe for a Sign", GabbyBernstein.com, consulté le 25 septembre 2023, https://gabbybernstein.com/secret-asking-universe-sign-trusting-guidance-receive/.

Brown William, "Science. The Physics of a Dowsing Pendulum", *NewScientist*, 6 octobre 1990, www.newscientist.com/article/mg12817373-200-science-the-physics-of-a-dowsing-pendulum/.

Bundson Andrew, Richman Kenneth et Kensinger Elizabeth, "Consciousness as a Memory System", *Cognitive and Behavioral Neurology 25*, n°4, décembre 2022, https://doi.org/10.1097/WNN.0000000000000319.

Calaprice Alice, éd. *The Ultimate Quotable Einstein*, Princeton University Press, 2011.

Costa B. Albert, "Michel-Eugène Chevruel", *Encyclopaedia Britannica*, dernière mise à jour le 27 août 2023, www.britannica.com/biography/Michel-Eugene-Chevreul.

Decoz Hans, "The History and Meaning of Angel Numbers", World Numerology, consulté le 25 septembre 2023, www.worldnumerology.com/blog/angel-numbers.html.

Embogama, "Difference between Conscious and Unconscious Mind", Pediaa. 5 août 2016, https://pediaa.com/difference-between-conscious-and-subconscious-mind/.

Gaal Rachel, "June 16, 1657: Christiaan Huygens Patents the First Pendulum Clock", APS News 26, n°6, juin 2017, www.aps.org/publications/apsnews/201706/history.cfm.

Jobs Steve, Discours donné à la cérémonie de remise des diplômes à l'université Stanford, le 12 juin 2005, https://news.stanford.edu/2005/06/12/youve-got-find-love-jobs-says/.

Johnstone Michael, *The Book of Divination*, Sirius, 2022.

Jung C. G, *The Collected Works of C. G. Jung: Complete Digital Edition*, vols. 1-19, Princeton University Press, 2014.

London John, "Facts about Pendulums", Sciencing, dernière mise à jour le 24 avril 2017, https://sciencing.com/pendulums-8538891.html.

Magner Erin, "What You Need to Know About the 5 Types of Brainwaves. For Better Health, Sleep, and Focus", Well and Good, 24 avril 2018, www.wellandgood.com/brainwaves-biohack-sleep-health-focus/.

Mcleod Saul, "Freud's Theory of the Unconscious Mind", Simply Psychology, dernière mise à jour le 25 janvier 2024, www.simplypsychology.org/unconscious-mind.html.

Mechlinski Joe, "Understanding the Three 'Brains' in Our Body (and Their Critical Role at Work)", Medium, 5 septembre 2018, https://medium.com/@joemechlinski_9502/understanding-the-three-brains-in-our-body-and-their-critical-role-at-work-d1715ae62bff.

Mermet Abbé, *The Principles and Practice of Radiesthesia*, Vincent Stuart, 1959.

Moulik Sanghamitra, "The Auric Energy Field. What It Means and How You Can See It", Medium, 23 février 2022, https://medium.com/

know-thyself-heal-thyself/the-auric-energy-field-what-it-means-and-how-can-you-see-it-d4bd6657baf4.

Murphy Mark, "Neuroscience Explains Why You Need to Write Down Your Goals If You Actually Want to Achieve Them", *Forbes*, 15 avril 2018, www.forbes.com/sites/markmurphy/2018/04/15/neuroscience-explains-why-you-need-to-write-down-your-goals-if-you-actually-want-to-achieve-them/?sh=66746abc7905.

Nail Thomas, "Most Brain Activity Is Background Noise. And That's Upending Our Understanding of Consciousness", *Salon*, 20 février 2021, www.salon.com/2021/02/20/most-brain-activity-is-background-noise-cognitive-flux-consciousness-brain-activity-research/.

Olson Jay A., Jeyanesan Ewalina et Raz Amir, "Ask the Pendulum: Personality Predictors of Ideomotor Performance", *Neuroscience of Consciousness 1*, 2017, https://doi.org/10.1093/nc/nix014.

Percy Maggie et Nigel, *Pendulums. For Guidance and Healing*, Flame Tree Publishing, 2021.

Pride Institute, "Pride Institute Awarded Newsweek's Best Addiction Treatment Center Honor for a Second Year Running", 18 septembre 2021, https://pride-institute.com/wp-content/uploads/2023/02/Pride-Institute-Newsweek-Press-Release-2021-1.pdf.

Raven Hazel, *The Angel Bible*, Sterling Publishing, 2006. "The Science of HeartMath", HeartMath Institute, consulté le 19 septembre 2023, www.heartmath.com/science/.

Slatter Jean, *Hiring the Heavens. A Practical Guide to Developing Working Relationships with the Spirits of Creation*, New World Library, 2005.

Talisa et Sam, "Rune Meanings and How to Use Rune Stones for Divination", Two Wander (blog), consulté le 25 septembre 2023, www.twowander.com/blog/rune-meanings-how-to-use-runestones-for-divination.

Umoh Ruth, "Steve Jobs and Albert Einstein Both Attributed Their Extraordinary Success to This Personality Trait", CNBC, dernière mise à jour le 30 juin 2017, www.cnbc.com/2017/06/29/steve-jobs-and-albert-einstein-both-attributed-their-extraordinary-success-to-this-personality-trait.html.

Van Helden Al, "Pendulum Clock", The Galileo Project, consulté le 21 septembre 2023, http://galileo.rice.edu/sci/instruments/pendulum.html.

Walters Meg, "Healing Crystals. What They Can and Can't Do", Healthline, 20 juillet 2023, www.healthline.com/health/healing-crystals-what-they-can-do-and-what-they-cant.

Winfrey Oprah, "What Oprah Knows for Sure about Trusting Her Intuition", *O, The Oprah Magazine*, août 2011, www.oprah.com/spirit/oprah-on-trusting-her-intuition-oprahs-advice-on-trusting-your-gut.

Woods Walt, *Letter to Robin*, The Print Shoppe, 2001, https://lettertorobin.files.wordpress.com/2016/06/rbn_10_4_english.pdf.

Youngblood Lloyd, "Dowsing: An Ancient History", American Society of Dowsers.

NOTES

Introduction

1. L. Frank Baum, *Le Magicien d'Oz* (NdT).

Chapitre 1. Plantons le décor

1. Oprah Winfrey, "What Oprah Knows for Sure about Trusting Her Intuition", *O, The Oprah Magazine*, août 2011, www.oprah.com/spirit/oprah-on-trusting-her-intuition-oprahs-advice-on-trusting-your-gut.

2. Ruth Umoh, "Steve Jobs and Albert Einstein Both Attributed Their Extraordinary Success to This Personality Trait", CNBC, dernière mise à jour le 30 juin 2017, www.cnbc.com/2017/06/29/steve-jobs-and-albert-einstein-both-attributed-their-extraordinary-success-to-this-personality-trait.html.

3. Alice Calaprice, éditrice, *The Ultimate Quotable Einstein* (Princeton, NJ : Princeton University Press, 2011), p. 435.

4. Steve Jobs, discours donné à la cérémonie de remise des diplômes à l'université Stanford le 12 juin 2005, https://news.stanford.edu/2005/06/12/youve-got-find-love-jobs-says/.

5. Joe Mechlinski, "Understanding the Three 'Brains' in Our Body (and Their Critical Role at Work)", Medium, 5 septembre 2018, https://medium.com/@joemechlinski_9502/understanding-the-three-brains-in-our-body-and-their-critical-role-at-work-d1715ae62bff.

6. "The Science of HeartMath," HeartMath Institute, consulté le 19 septembre 2023, www.heartmath.com/science/.

7. "The Energetic Heart Is Unfolding", HeartMath Institute, 22 juillet 2010, www.heartmath.org/articles-of-the-heart/science-of-the-heart/the-energetic-heart-is-unfolding/.

8. Thomas Nail, "Most Brain Activity Is Background Noise'—and That's Upending Our Understanding of Consciousness", *Salon*, 20 février 2021, www.salon.com/2021/02/20/most-brain-activity-is-background-noise-cognitive-flux-consciousness-brain-activity-research/.

9. Saul Mcleod, "Freud's Theory of the Unconscious Mind", Simply Psychology, dernière mise à jour le 25 janvier 2024, www.simplypsychology.org/unconscious-mind.html.

10. Andrew Bundson, Kenneth Richman et Elizabeth Kensinger, "Consciousness as a Memory System", *Cognitive and Behavioral Neurology 25*, n°4 (décembre 2022) : p. 263-297, https://doi.org/10.1097/WNN.0000000000000319.

11. Embogama, "Difference between Conscious and Unconscious Mind", Pediaa, 5 août 2016, https://pediaa.com/difference-between-conscious-and-subconscious-mind/.

12. Jay A. Olson, Ewalina Jeyanesan et Amir Raz, "Ask the Pendulum: Personality Predictors of Ideomotor Performance", *Neuroscience of Consciousness 1* (2017) : nix014, https://doi.org/10.1093/nc/nix014/.

13. Philip D. Shenefelt, "Ideomotor Signaling: From Divining Spiritual Messages to Discerning Subconscious Answers During Hypnosis and Hypnoanalysis, A Historical Perspective", *American Journal of Clinical Hypnosis 53*, n°3 (Janvier 2011) : p. 157-167, https://doi.org/10.1080/00029157.2011.10401754.

Chapitre 2. Qu'est-ce qu'un pendule ?

1. Lloyd Youngblood, "Dowsing: An Ancient History", American Society of Dowsers, consulté le 21 septembre 2023, https://learntodowse.com/dowsing-history//.

2. William Brown, "Science : The Physics of a Dowsing Pendulum", *NewScientist*, 6 octobre 1990, www.newscientist.com/article/mg12817373-200-science-the-physics-of-a-dowsing-pendulum/.

3. Walt Woods, *Letter to Robin*, 10e édition (Oroville, CA : The Print Shoppe, 2001), https://lettertorobin.wordpress.com/wp-content/uploads/2016/06/rbn_10_4_english.pdf.

4. Youngblood, "Dowsing: An Ancient History".

5. *Ibid.*

6. Richard Webster, *La Magie du pendule pour débutants. Le pouvoir de réaliser tous vos objectifs*, AdA, 2008.

7. Youngblood, "Dowsing: An Ancient History".

8. "Zhang Heng", New World Encyclopedia, consulté le 21 septembre 2023, www.newworldencyclopedia.org/entry/Zhang_Heng.

9. John London, "Facts about Pendulums", Sciencing, dernière mise à jour le 24 avril 2017, https://sciencing.com/uses-pendulums-8541430.html.

10. Rachel Gaal, "June 16, 1657: Christiaan Huygens Patents the First Pendulum Clock", *APS News 26*, n°6 (juin 2017), www.aps.org/publications/apsnews/201706/history.cfm ; London, "Facts about Pendulums".

11. "Foucault Pendulum", Smithsonian's National Museum of American History, consulté le 21 septembre 2023, www.si.edu/spotlight/foucault-pendulum.

12. Abbé Mermet, *The Principles and Practice of Radiesthesia*, traduit par Mark Clement (London : Vincent Stuart, 1959), p. 15.

13. *Ibid.*

14. Käthe Bachler, *Earth Radiation* (John Living, 2007), p. 65.

15. John London, "Facts about Pendulums", Sciencing, dernière mise à jour le 24 avril 2017, https://sciencing.com/pendulums-8538891.html.

Chapitre 3. Comment choisir votre pendule ?

1. "Merkaba Symbol", Ancient-Symbols.com, consulté le 6 novembre 2023, www.ancient-symbols.com/symbols-directory/merkaba.html.

2. Meg Walters, "Healing Crystals: What They Can and Can't Do", Healthline, mise à jour le 3 octobre 2024, www.healthline.com/health/healing-crystals-what-they-can-do-and-what-they-cant.

3. Hazel Raven, *The Angel Bible* (New York : Sterling Publishing, 2006), p. 280.

4. "Crystal & Gemstone Therapy", Oriental Healing Oasis and Wellness Center, consulté le 22 septembre 2023, www.healthline.com/health/healing-crystals-what-they-can-do-and-what-they-cant.

Chapitre 5. La divination et votre connexion à l'Univers

1. Jean Slatter, *Hiring the Heavens: A Practical Guide to Developing Working Relationships with the Spirits of Creation* (Novato, CA : New World Library, 2005).

2. Melanie Beckler, "Angelic Hierarchy – Understanding the 9 Angel Ranks", Ask Angels, consulté le 25 septembre 2023, www.ask-angels.com/spiritual-guidance/angelic-hierarchy/.

3. Kyle Gray, *Prières aux anges. Solliciter l'aide du ciel pour créer des miracles*, Éditions Exergue, 2014.

4. *Ibid.*

5. *Ibid.*

6. Michael Johnstone, *Tarot et autres arts divinatoires. Apprenez à prédire l'avenir*, Le Lotus et l'éléphant, 2023.

7. "Master Numbers Hold the Powerful Potential in Numerology", Numerology.com, consulté le 25 septembre 2023, www.numerology.com/articles/your-numerology-chart/core-numbers-numerology/.

8. Gerie Bauer, *La Numérologie pour débutants*, AdA, 2011.

9. Hans Decoz, "The History and meaning of Angel Numbers", World Numerology, consulté le 25 septembre 2023, www.worldnumerology.com/blog/angel-numbers.html.

10. Kyle Gray, *Élevez votre vibration. 111 pratiques pour augmenter votre connexion spirituelle*, Éditions Exergue, 2021, p. 30.

11. Talisa et Sam, "Rune Meanings and How to Use Rune Stones for Divination", blog Two Wander, consulté le 25 septembre 2023, www.twowander.com/blog/rune-meanings-how-to-use-runestones-for-divination.

12. C. G. Jung, *The Collected Works of C. G. Jung: Complete Digital Edition*, vol. 1-19, édité par Gerhard Adler et R. F. C. Hull (Princeton, NJ : Princeton University Press, 2014), p. 520.

13. Gabby Bernstein, "How to Ask the Universe for a Sign", GabbyBernstein.com, consulté le 25 septembre 2023, https://gabbybernstein.com/secret-asking-universe-sign-trusting-guidance-receive/.

Chapitre 6. Applications pratiques

1. "Chakra Basics", International Association of Reiki Professionals, consulté le 6 novembre 2023, https://iarp.org/chakra-basics/.

2. Maggie et Nigel Percy, *Pendulums: For Guidance and Healing* (London : Flame Tree Publishing, 2021), p. 101-102.

3. Erin Magner, "What You Need to Know About the 5 Types of Brainwaves – For Better Health, Sleep, and Focus", Well and Good, 24 avril 2018, www.wellandgood.com/brainwaves-biohack-sleep-health-focus/.

4. "Science of the Heart: Heart-Brain Communication", HeartMath Institute, consulté le 26 septembre 2023, www.heartmath.org/research/science-of-the-heart/heart-brain-communication/.

5. Joe Dispenza, *Devenir super-conscient. Transformer sa vie et accéder à l'extra-ordinaire*, Éditions Guy Trédaniel, 2018.

6. "Meditation and Mindfulness: Effectiveness and Safety", National Center for Complementary and Integrative Health, National Institutes of Health, dernière mise à jour en juin 2022, www.nccih.nih.gov/health/meditation-and-mindfulness-effectiveness-and-safety.

7. Pride Institute, "Pride Institute Awarded Newsweek's Best Addiction Treatment Center Honor for a Second Year Running", 18 septembre 2021, https://pride-institute.com/wp-content/uploads/2023/02/Pride-Institute-Newsweek-Press-Release-2021-1.pdf.

8. Maggie et Nigel Percy, *Pendulums for Guidance and Healing*, p. 96-97.

9. Circuits vitaux de la terre (NdE).

Appendice. Méthodes d'utilisation du pendule

1. Mark Murphy, "Neuroscience Explains Why You Need to Write Down Your Goals If You Actually Want to Achieve Them", *Forbes*, 15 avril 2018, www.forbes.com/sites/markmurphy/2018/04/15/neuroscience-explains-why-you-need-to-write-down-your-goals-if-you-actually-want-to-achieve-them/?sh=66746abc7905.

© Photo : Lisa Buck

À PROPOS DES AUTEURES

Karina Muller

Mon histoire commence dans la Russie communiste, derrière le rideau de fer. Je suis née sous le régime communiste dans la ville de Saint-Pétersbourg (appelée Leningrad au moment de ma naissance). Dès mon plus jeune âge, j'ai toujours été attirée par la nature et j'adorais courir dans les bois pendant l'été en Lituanie.

J'ai immigré à 10 ans aux États-Unis avec mes parents et mes grands-parents. Nous avons eu la chance de quitter la Russie et de commencer une nouvelle vie. J'ai appris à parler anglais et ai travaillé dur pour m'intégrer en tant que jeune collégienne. J'étais cependant tout à fait différente de mes camarades. Je pensais que devenir comme tout le monde serait la clé du bonheur. Il m'a fallu attendre l'âge adulte pour me rendre compte que se démarquer est une bénédiction. C'est ainsi que j'ai appris à honorer et à chérir mon unicité.

Au cours de mes études universitaires jusqu'au troisième cycle, j'ai cherché à acquérir autant de connaissances que possible dans le monde des affaires. Obtenir les meilleurs postes et les meilleures promotions était excitant pendant un certain temps, mais ne m'apportait pas de satisfaction profonde ni de paix au fond de mon cœur. J'ai travaillé de nombreuses années pour des entreprises à des postes de direction et j'ai fini par devenir consultante indépendante, aidant les chefs d'entreprise à résoudre des problèmes complexes. J'ai apprécié être une conseillère de confiance pour les aider à surmonter les plus difficiles. Essentiellement, j'exerçais en tant que consultante en affaires et coach de vie. L'aspect « coaching » de mon travail me procurait tant de joie et de satisfaction. Je voyais mes clients prospérer à mesure qu'ils prenaient possession de leur pouvoir et qu'ils gagnaient en assurance. Les guider pour qu'ils puisent dans leur intuition a toujours été un élément clé de mon travail de coaching.

Après trois décennies passées dans le monde de l'entreprise aux États-Unis, j'ai décidé d'obtenir une certification en coaching de vie. J'ai rencontré Lana dans le cadre de notre programme de certification chez Learning Journeys, Centre international de coaching. Lana et moi avons pris conscience que nous étions très alignées sur nos valeurs, à savoir donner à nos clients les moyens de vivre leur vérité et d'emprunter la meilleure voie pour progresser.

Ma vie professionnelle a commencé à fusionner avec mes intérêts et mes passions en créant avec Lana HeartCentric Coaching Collaborative et HeartCentric Divine Creations. Au lieu que le travail soit le travail, ma carrière s'est transformée en de joyeuses quêtes quotidiennes. J'ai remarqué que dans chaque tâche que j'entreprenais, il y avait énormément d'excitation, de joie et de plaisir. Ces sentiments positifs m'ont confortée dans l'idée que j'étais en train de vivre en accord avec ma raison d'être, en écoutant mon intuition. L'Univers conspire toujours pour me faire savoir que le travail que j'accomplis est nécessaire, qu'il a du sens et qu'il fait la différence. Pour la première fois de ma vie, je fais l'expérience de ce que c'est que de vivre chaque jour en suivant la voie qui me convient le mieux.

Je suis titulaire d'une maîtrise en gestion (MBA) de l'université du Minnesota et d'une licence ès sciences (BS) en commerce de l'université de l'Indiana. Ma certification en tant que coach de vie a été délivrée par Learning Journeys, Centre international de coaching (certification ICF).

Lana Gendlin

Tout comme l'histoire de Karina, la mienne commence dans la même région du monde. Je suis née dans l'ancienne Union soviétique, à Minsk, la capitale de ce qui est aujourd'hui la Biélorussie. Mes parents ont décidé qu'ils préféraient la liberté pour leurs deux petites filles et eux-mêmes, et nous sommes partis pour les États-Unis lorsque j'avais deux ans et demi. Si je n'ai aucun souvenir de la Russie, hormis ma visite à Moscou en 2008, je sais que je suis très reconnaissante des sacrifices auxquels mes parents ont consenti pour commencer une nouvelle vie. D'après leurs récits, je sais que leur voyage a été très difficile. Cependant, ce que j'ai retenu de leurs luttes, ce sont des exemples de courage, de persévérance, de force, de résilience et de la manière de surmonter la peur pour poursuivre ses rêves.

Lorsque j'étais enfant, je me souviens d'avoir fait preuve d'une imagination et d'une créativité débordantes. J'adorais jouer au « magasin » ou m'imaginer que j'écrivais des livres ou des campagnes publicitaires. J'écrivais aussi des histoires et des scénarios, dont je dessinais les storyboards, que j'alignais au bord de mon lit et que j'interprétais. J'avais aussi l'habitude de m'enregistrer sur ma grosse radiocassette rose et je m'amusais tellement à animer mon émission de radio !

Tout au long de mon enfance, je suis devenue de plus en plus curieuse du monde qui m'entourait, ce qui rend les gens différents les uns des autres, ce qui nous rapproche, nos cultures, nos langues, nos cuisines, nos cérémonies, bref, ce qui fait de nous des êtres humains. Je me souviens avoir regardé des émissions et lu divers livres et magazines de *National Geographic* sur les origines humaines, les Néandertaliens, les civilisations anciennes et tout ce qui avait trait à l'anthropologie. C'était fascinant et je ne pouvais m'en passer.

Mon amour pour les autres cultures et les grands mystères de la vie, associé à la connaissance intérieure qu'il y a tant à comprendre au-delà de ce que nous percevons, m'a amenée à poursuivre des études en anthropologie, en journalisme et en muséologie. Tout au long de mes études universitaires jusqu'au troisième cycle, j'ai eu la chance d'approfondir mon amour pour aider les gens à entrer en relation et, de ce fait, à se comprendre eux-mêmes.

Souvent, lorsque les clients que je coache sont perdus ou dans une impasse quant à la raison d'être de leur existence, je leur demande ce qu'ils aimaient faire lorsqu'ils étaient enfants. En général, c'est là que nous trouvons notre véritable nature – l'état d'être désinhibé avant de commencer à assimiler les idées des autres sur ce qui est bon pour nous. Je sais que nous nous égarons souvent sur le parcours vers l'âge adulte. J'en ai été témoin au cours de ma carrière au sein d'institutions artistiques et culturelles, ainsi que dans mes propres expériences de vie. C'est vrai pour l'artiste qui sommeille en chacun de nous, et pour beaucoup d'autres, dont les rêves ne se réalisent pas toujours parce que la société nous a appris à vivre selon des valeurs étrangères aux nôtres. Mais si nous revenons à ce que nous aimions lorsque nous étions de jeunes enfants, lorsque le fait d'être désinhibé et de faire ce qui nous semblait joyeux était une seconde nature, nous trouvons notre véritable raison d'être.

Le chemin qui m'a conduite à ce dont il s'agit pour moi ne s'est pas fait rapidement et facilement. Nous avons tous une histoire. Nous traversons tous dans la vie des épreuves et des périodes heureuses. J'ai découvert que mes luttes se sont produites à mon intention, et non qu'elles me sont arrivées. Chaque instant, chaque détour et chaque « déviation » m'ont menée là où je suis aujourd'hui. J'ai vécu une perte extrême en peu de temps au milieu de la trentaine – la perte d'un enfant mort-né, la perte d'une carrière dans les musées qui avait été mon moyen de subsistance, et la perte de mon mariage qui s'est soldé par un divorce –, tout cela en l'espace de trois mois. Le profond chagrin et la vulnérabilité que je ressentais à l'époque m'ont incitée à explorer mon monde intérieur.

C'est à partir de ce sentiment d'enfouissement que des graines ont été plantées. Je n'en avais pas conscience à ce moment-là, mais ces jours des plus sombres se sont révélés être mes plus grandes opportunités d'apprentissage pour faire avancer ma vie dans le sens qui correspondait à mon plus grand bien. En repensant à la façon dont j'ai traversé cette « nuit noire de l'âme » et à la situation dans laquelle je me trouve aujourd'hui, il est clair que mes pertes et ce que je considérais comme des échecs étaient le moyen pour l'Univers de me réorienter sur une meilleure voie.

Après avoir travaillé avec succès pour des institutions culturelles de renommée internationale, des musées, des organisations à but non lucratif, des sociétés, des start-up et avoir lancé plusieurs entreprises, j'étais à la recherche de quelque chose de plus profond. J'ai commencé à travailler avec un coach de vie. Ce fut cette expérience transformatrice qui m'a inspirée à passer moi-même une certification de coach de vie. Je me suis rendu compte que, sans le savoir, j'avais coaché des collègues, des clients et des stagiaires de manière informelle pendant de nombreuses années.

Rencontrer Karina alors que j'obtenais ma certification de coach faisait certainement partie d'un plan plus vaste. Au début, nous n'avions aucune idée que nous venions de la même région du monde et que notre histoire de vie présentait autant de parallèles. Au hasard d'une conversation avec des amis, nous avons découvert que nous parlions toutes les deux le russe et que nous avions immigré aux États-Unis la même année. Nous partagions également la passion et la motivation d'aider les gens à atteindre leur version personnelle de la réussite et de l'épanouissement. En étant réceptives et ouvertes, des synchronicités se présentent constamment dans notre vie !

Il semble que la boucle soit bouclée. En tant qu'entrepreneuse, je possède une boutique en ligne et je rédige des documents de marketing et pédagogiques. J'interviens également dans des podcasts et en public. Je suis reconnaissante de coacher les gens et de les aider à découvrir qui ils sont, tout en poursuivant mon évolution personnelle et spirituelle.

Aider ainsi les autres à découvrir leur créativité innée et leur permettre de se connecter à leur sagesse enrichit considérablement mon âme. Participer à l'expérience de leur transformation en utilisant un beau pendule fait à la main change leur vie, ainsi que la mienne. J'adore absolument créer et réaliser des pendules et faire part de leur pouvoir au plus grand nombre.

Il est remarquable de savoir que je contribue ainsi à mon humble niveau à l'amélioration de la qualité de vie des gens. En étant à l'écoute de ma sagesse intérieure et en me connectant au pouvoir créatif qui est en moi, cela équivaut constamment pour moi à une source de réconfort. Aider les autres à faire de même est la mission qui me tient à cœur.

Lorsque je ne travaille pas, j'aime passer du temps en famille et avec mes huskys sibériens, lire, fabriquer des bijoux, acquérir davantage de connaissances sur les arts de la guérison et faire de l'exercice sous toutes ses formes. Je suis titulaire d'une maîtrise de l'université George Washington en études muséales et en anthropologie et d'une licence (BS) de l'université du Minnesota, Twin Cities, en anthropologie, journalisme et communication de masse. Ma certification en tant que coach de vie pratiquante m'a été délivrée par Learning Journeys, Centre international de coaching (accréditation ICF).

NOTES

Composition et mise en pages
Nord Compo à Villeneuve-d'Ascq

Achevé d'imprimer en février 2025
sur les presses de la Nouvelle Imprimerie Laballery
58500 Clamecy
Dépôt légal : février 2025
N° d'impression : 501695

Imprimé en France

La **N**ouvelle **I**mprimerie **L**aballery est titulaire de la marque Imprim'Vert®